AI와 만화·웹툰의 진화

AI문고

인공지능 시대입니다. 기계가 인간의 인지를 대신하고, 사물이 인간을 통하지 않고 다른 사물과 직접 커뮤니케이션합니다. 이에 따른 인간 삶과 문명 변화를 정확히 이해·예측·대응하는 것은 이 시대 우리 모두의 과제입니다. AI문고는 인공지능 기술과 환경의 여러 주제를 10가지 키워드로 정리합니다. 관련 개념과 이론, 학계와 산업계의 쟁점, 우리 일상의 변화를 다룹니다. 인간과 기술의 현재, 미래를 세심히 분석합니다.

일러두기

- 인명, 작품명, 저서명, 개념어 등은 한글과 함께 괄호 안에 해당 국가의 원어를 병기했습니다.
- 외래어 표기는 현행 어문규정의 외래어표기법을 따랐습니다.

처음이세요?

전문가세요?

AI와 만화·웹툰의 진화

김한재

대한민국, 서울, 커뮤니케이션북스, 2025

AI와 만화 · 웹툰의 진화

지은이 김한재
펴낸이 박영률

초판 1쇄 펴낸날 2025년 2월 27일

커뮤니케이션북스(주)
출판 등록 2007년 8월 17일 제313-2007-000166호
02880 서울시 성북구 성북로 5-11
전화(02) 7474 001, 팩스(02) 736 5047
commbooks@commbooks.com
www.commbooks.com

ISBN 979-11-7307-520-9 03500

책값은 뒤표지에 표시되어 있습니다.

차례

웹툰의 진화: AI의 역할

웹툰의 시작

웹툰은 2000년대 초반, 한국에서 인터넷을 기반으로 등장한 새로운 형태의 만화였다. 당시만 해도 '웹(Web)'에서 '툰(Toon)'을 본다는 단어 조합은 다소 낯설게 느껴졌지만, 곧 그 낯섦은 디지털 환경에 최적화된 창작 형식으로 자리 잡게 되었다. 초기 웹툰 작가들은 개인 홈페이지나 커뮤니티 사이트를 기반으로 작품을 연재했으며, 이는 출판 만화와 구별되는 세로 스크롤 중심의 읽기 경험을 만들어 냈다.

기존의 만화가 가로 페이지를 넘기며 흐름을 따라가야 했다면, 웹툰은 수직으로 이어지는 스크롤 인터페이스 안에서 컷의 배열, 시선의 전환, 감정의 속도를 조절할 수 있게 했다. 결과적으로 웹툰은 단순히 '디지털에서 유통되는 만화'가 아닌, 디지털 감각에 적합하게 재구성된 독립 장르로 진화하였다.

무엇보다 모바일 디바이스의 급속한 보급과 더불어, 웹툰은 언제 어디서나 손쉽게 접근할 수 있는 시간과 장소의 경계가 사라진 콘텐츠로 인식되기 시작했다. 이와 같은 환경적 요소는 독자에게는 일상의 틈을 채우는 새로운 방식의 서사 소비를, 작가에게는 더욱 빠르고 직관적인 피드백 루프를 제공했다.

웹툰이라는 새로운 장르의 형식적 등장은, 콘텐츠 산업 전반에서 '디지털 인터페이스'가 창작 구조를 어떻게 변화시키는지를 가장 선명하게 보여주는 사례 중 하나였다. 스크롤이라는 단순한 물리적 조작은 컷 구성 방식과 서사의 리듬을 바꾸었고, 창작자의 연출 방식과 독자의 몰입 방식에까지 변화를 이끌어 냈다. 이는 단지 유통 매체의 전환이 아닌, 창작과 감상의 언어 자체가 바뀌는 구조적 전환이었다.

웹툰의 성장

2000년대 중후반, 한국의 주요 포털 사이트들이 본격적으로 웹툰 플랫폼을 구축하면서, 웹툰은 단순한 디지털 만화를 넘어 대중문화 콘텐츠의 중심 장르로 빠르게 부상했다. 네이버 웹툰, 다음 웹툰 등의 플랫폼은 2000년대 중후반, 한국의 주요 포털 사이트들이 본격적으로 웹툰 플랫폼을 구축하면서, 웹툰은 단순한 디지털 만화를 넘어 대중문화 콘텐츠의 중심 장르로 빠르게 부상했다.

네이버 웹툰, 다음 웹툰 등의 플랫폼은 기존 지면 중심의 출판 시스템과는 전혀 다른 방식으로 작가와 독자를 연결했다.

지면의 제한, 출판사 중심의 심사 체계, 페이지 수의 제약으로부터 비교적 자유로웠던 온라인 플랫폼은, 누구든지 작품을 업로드하고 피드백을 받을 수 있는 열린 생태계를 형성했다.

이와 같은 구조는 전통적인 데뷔 시스템의 경계를 허물었고, '도전 만화'와 같은 서브 섹션을 통해 비전문 작가의 발굴과 등단을 현실화했다. 결과적으로 웹툰 생태계는 더 많은 콘텐츠를 유통할 수 있는 기반을 확보함과 동시에, 작품의 주제, 형식, 서사 방식의 다양성도 눈에 띄게 확장되었다.

독자 측면에서도 변화는 뚜렷했다. 무료로 접근 가능한 수많은 작품들이 일상적으로 소비되며, 선택의 폭과 소비의 주체성이 급격히 강화되었다. 하루 한 편씩 연재되는 '요일 연재' 구조, 한 회당 약 70컷 안팎의 분량 구성, 한눈에 내려 보며 감정선을 따라가는 스크롤 서사는 새로운 콘텐츠 감상 리듬을 만들어 냈다. 이러한 소비 패턴은 기존의 '권 단위' 출판 서사 구조와는 다른, 시리즈형 스낵 콘텐츠의 성격을 강화하며 새로운 독자 문화를 형성했다.

한편, 이러한 환경 변화는 제작 방식의 급격한 전환도 촉진했다. 펜과 잉크 중심의 아날로그 작업에서 벗어나, 포토샵을 비롯한 디지털 제작 도구의 도입이 일반화되었으며, 이후 망가스튜디오(현 CLIP STUDIO PAINT)의 보급은 웹툰 제작의 도구 체계 표준화에 중요한 전환점이 되었다. 특히 클립스튜디오는 한글화와 함께 웹툰의 스크롤 기반 작업 환경을 직접 지원하면서, 1인 작가와 스튜디오 기반 작가 모두에게 핵심 툴로 자리 잡았다.

이와 함께 스케치업, 블렌더 등 3D 툴의 도입은 복잡한 배경 설정, 인물의 시점 및 공간 구성을 자동화하며 연출의 사실성과 몰입도를 높이는 데 기여했다. 더불어 일부 작가들은 무빙툰, 타임라인 연출, 컷 간 애니메이션 삽입 등 시청각 기반 표현 방식을 도입하며, 웹툰을 정적인 매체에서 반(半)영상 콘텐츠로 확장시키는 시도를 이어왔다.

이렇듯 기술적 도구의 발전은 창작의 효율성과 표현의 다양성을 동시에 확장시켰지만, 창작자 개인이 감당해야 하는 제작 부담 또한 비례하여 증가했다.

- 컷 수 증가

- 배경의 디테일 고도화
- 색감 및 효과의 다층화
- 연재 주기의 촘촘화

이 모든 요소가 창작자를 창의성과 함께 체력, 반복, 관리 역량까지 요구받는 다기능 노동자로 위치시켰다. 특히 1인 작가의 경우, 스토리 설계에서 콘티, 작화, 채색, 편집, 업로드까지 모든 과정을 독립적으로 수행해야 하는 구조는 지속가능한 창작 생태계에 대한 고민을 불러일으켰다. 이러한 문제의식 속에서 최근 몇 년간 가장 주목받는 기술적 대안은 바로 인공지능(AI)의 도입이었다.

AI와 웹툰의 변천

최근 몇 년간 인공지능(AI) 기술은 웹툰 산업 전반에 걸쳐 급속히 확산되며, 창작의 모든 단계에 영향을 미치고 있다. 초기에는 선화 자동화, 색감 보정, 보조 필터 등 제한적인 용도로 도입되었지만, 현재는 스토리 초안 생성, 캐릭터 디자인 추천, 배경 자동 생성, 감정 기반 장면 배열, 자동 컬러링 등 보다 본격적이고 전방위적인 창작 참여가 가능한 환경으로 진화하고 있다.

특히 이미지 생성 모델과 자연어 기반의 프롬프트 기술은, 창작자의 콘셉트를 바탕으로 수십 가지의 장면 옵션을 제공하며, AI를 단순한 도구가 아닌 '디렉터의 파트너'로 자리매김시키고 있다.

이러한 기술적 진보는 단지 제작 효율성을 높이는 데 그치지 않는다. 예술사적으로 보면, 사진의 등장이 화가들로 하여금 사실 재현에서 감각의 탐색으로 시선을 전환하게 했던 것처럼, AI의 도입은 웹툰 작가들에게 기계적 반복에서 벗어나 감정과 의미 중심의 창작에 더 많은 에너지를 투입할 수 있는 여지를 마련하고 있다.

실제로 AI 기반 웹툰 도구들은 창작자들의 작업 흐름을 실질적으로 변화시키고 있다. 캐릭터 설계, 포즈 자동화, 배경 스타일 통일, 감정 연출 등에 이르기까지 다방면의 작업 시간이 단축되었으며, 이는 특히 1인 창작자나 소규모 제작 팀에게 중요한 기회로 작용한다. 기존에는 시간 · 인력 · 기술 장벽으로 구현하지 못했던 장면들이 이제는 실현 가능한 선택지가 되었다.

한편, AI는 '창작'뿐 아니라 '소비'와 '기획'의 영역에서도 영향을 미치고 있다. AI 기반 트렌드 분석, 감정 반응 측정, 독자 피드백 요약 도구 등을 통해 기획자와 출판사는 콘텐츠 방향성과 독자 선호도를 더욱 정밀하게 예측

하고 반영할 수 있게 되었다. AI는 이제 '독자의 마음을 읽는 분석가'이자 '창작자의 손을 돕는 조력자'로 기능하고 있다.

결과적으로, AI는 웹툰의 제작 방식만이 아니라 창작 생태계 자체를 구조적으로 재편하고 있다. 앞으로는 AI가 제작한 프로토타입을 기반으로 작가가 연출과 감정 설계를 덧붙이는 공동 창작 방식이 점차 일반화될 것이며, 오히려 작가 고유의 연출 감각과 철학이 작품의 차별성과 완성도를 결정짓는 요소가 될 것이다.

더 나아가, AI 기술은 AR, VR 기반의 입체적 서사 연출과도 연결되며, 웹툰을 '읽는 콘텐츠'에서 '경험하는 콘텐츠'로 진화시키고 있다. AI 기반 캐릭터와 스토리를 활용한 인터랙티브 콘텐츠, 공간 기반 웹툰, 몰입형 스토리텔링 등은 웹툰이라는 매체의 경계를 넘어 멀티센서리 창작물로 확장되고 있다.

물론, 이러한 변화에는 저작권, 창작 윤리, 학습 데이터의 공정성 등 해결되어야 할 쟁점들도 존재한다. 그러나 중요한 것은, AI는 더 이상 '도입할 수도 있는 기술'이 아니라 '고민하지 않으면 도태되는 현실'이라는 점이다. 기술의 흐름을 단순히 수용하느냐의 문제가 아니라, 어떻게 해석하고 활용할 것인가의 문제로 전환되었다.

AI는 시간과 비용, 노동력을 절감할 수 있는 잠재력을 지니고 있으며, 절약된 에너지와 시간을 통해 창작자는 다시금 본질적인 질문 “무엇을, 어떻게, 왜 이야기할 것인가”로 돌아갈 수 있는 기회를 얻게 된다.

참고문헌

김형주(2023.10.29). AI로 웹툰 '뚝딱'… K스타트업, 글로벌 창작 환경 바꾼다. 매일경제.
https://www.mk.co.kr/news/it/10861136

박현진(2023.8.28). 생성 AI 시대, “보는데 3분, 만드는데 150분 역전될까”… 웹툰에 스며드는 인공지능으로 제작환경 바꾼다. 인공지능신문.
https://www.aitimes.kr/news/articleView.html?idxno=28808

이승진 · 왕덕원(2023). 인공지능 웹툰 작가의 가능성과 성공에 대한 연구 : 혁신 확산 이론을 중심으로. ≪애니메이션연구≫, 19(2), pp.231-254.

한보라(2024). AI와 웹툰 창작자의 미래 상생방향. ≪한국컴퓨터정보학회 논문지≫, 29(2), pp.87-99.

01
AI와 웹툰 창작

AI 기술은 웹툰 창작 과정에 중요한 혁신을 가져올 것으로 보인다. 스토리 생성, 배경 자동화, 캐릭터 디자인 보조 등 다양한 기능을 통해 창작의 효율성을 높여, 작가들이 좀 더 재미있는 작품을 만드는 데 집중하도록 도울 수 있을 것이다.

AI와 1인 창업?

AI 스토리 생성 도구의 역할

AI는 웹툰 창작 과정에서 스토리 초안을 자동으로 작성하거나 배경과 소품을 신속하게 생성해 작가들이 창의적인 작업에 더 많은 시간을 할애할 수 있도록 돕는다. 과거에는 하나의 웹툰을 제작하기 위해 많은 시간과 인력이 필요했지만, AI의 발전으로 창작 과정이 크게 변화하고 있다. 스토리 생성 AI는 작가들이 빠르게 이야기의 기초를 마련하고, 이미지 생성 AI는 배경이나 캐릭터 디자인 같은 시각적 요소를 신속하게 제작해 창작자들이 고유한 아이디어에 집중할 수 있는 환경을 조성하고 있다. GPT와 같은 자연어 처리 기술을 통해 작가들은 스토리의 주요 줄거리나 대사 구성을 빠르게 작성할 수 있게 되었다. GPT 기반 언어 모델은 초기 아이디어 발상부터 구체적인 대화와 상황 설정까지 지원하고 자연스러운 대화를 만들어 내며 캐릭터 간의 관계 설정을 돕는 등 이야기를 더욱 풍부하게 만들 수 있다. 이는 작가가 캐릭터 간의 갈등 상황을 설정하면 AI는 다양한 대화 예시와 갈등 해소 방법을 제시하거나 서스펜스를 높이는 다양한 전개 방안을 제공해 작가가 스토리를 자연스럽게 전개하도록 도울 수 있다는 의미다. 예를 들어, 작가가 '카페에서 만난 두 주인공의 갈등'이라는 설정을 입력하면,

GPT는 이 상황의 대화 내용, 감정의 변화, 갈등의 전개 방식을 구체적으로 제시해 작가가 쉽게 스토리를 발전시킬 수 있도록 돕는다. 이렇게 GPT 기반의 스토리 생성 도구는 막힌 스토리 전개를 풀어 가는 데 도움을 줄 수 있고 간단한 설정만으로도 예상치 못한 전개를 제안함으로써 작가에게 새로운 영감을 줄 것으로 보인다. 이러한 제안은 작가의 아이디어를 확장하고, 대화나 상황 설정을 통해 이야기의 깊이를 더해 주어 창작자들이 더욱 다양한 이야기를 구상하는 데 큰 도움을 줄 수 있겠다.

『Chat GPT로 만화/웹툰 제작하기』에서는 챗GPT의 활용 이유를 다음과 같이 정리하고 있다. 첫째, 캐릭터와 대사를 자동으로 생성하는 기능이다. 챗GPT는 입력된 대화를 바탕으로 새로운 대사를 만들어 내어, 작가들이 캐릭터 대사를 더 쉽게 작성할 수 있도록 돕는다. 둘째, 창의성 향상에 기여한다. 챗GPT는 전에 없던 새로운 아이디어를 제공해, 새로운 플롯이나 캐릭터 개발에 큰 도움이 된다. 예를 들어 동일한 설정에서 장르만 바꿔도 독특한 이야기를 만들어 낼 수 있다. 셋째, 시간과 비용 절감 효과가 있다. 작가들은 이야기 설정과 대사 작성에 소요되는 시간을 줄여 더 많은 창작에 집중할 수 있다. 마지막으로, 독자 맞춤형 콘텐츠 제공이 가능하다. 챗

GPT를 활용해 독자와의 상호작용을 분석하고 새로운 스토리나 캐릭터를 개발함으로써 독자 맞춤형 콘텐츠를 제공할 수 있다.

챗GPT는 마치 옆에 조수를 두고 함께 아이디어를 브레인스토밍하는 도구처럼 느껴진다. 하지만 작가가 명확한 목적 없이 AI에게 아이디어를 요청하면, 산만하거나 의미 없는 결과가 나올 수 있다. 이는 유능한 조수가 옆에 있어도 명확한 지시가 없으면 원하는 결과를 얻기 어려운 것과 같다. 따라서 AI를 효과적으로 활용하려면 작가의 주도적인 활용과 작품에 대한 명확한 방향 설정이 필수적이다. 작가의 명확한 의도와 방향성이 있을 때 AI는 효과적으로 창작을 보조할 수 있으며, 이를 통해 작가는 시간과 비용을 절감하고 더 많은 창작에 집중할 수 있다. 다가오는 AI 시대에 웹툰 창작자들은 AI를 적극적으로 활용해 새로운 창작의 기회를 잡을 수 있을 것이다.

또한 AI의 사용에는 한계도 존재한다는 것도 인지하고 있어야 한다. AI가 제안하는 스토리는 데이터 기반으로 생성되기 때문에, 종종 예상 가능한 전개나 클리셰에 빠질 수 있다. 이러한 단점을 보완하기 위해 창작자는 AI의 결과물을 비판적으로 검토하고 수정하는 과정을 거쳐야 한다. AI는 어디까지나 창작 보조 도구일 뿐, 최종적인 창작물의 품질은 여전히 인간 작가의 손에 달려 있다는 사실을 잊지 말자.

콘티/스토리보드 생성의 역할

콘티/스토리보드 생성 또한 AI 기술의 중요한 활용 분야 중 하나로 부상하고 있다. 웹툰 제작 과정에서 콘티/스토리보드는 전체적인 이야기의 흐름과 장면 구성을 시각적으로 계획하는 단계로, 작가와 디자이너 간의 원활한 협업을 돕는 핵심 도구다. AI 기반 콘티/스토리보드 생성 도구는 작가가 구상한 스토리를 바탕으로 주요 장면을 자동으로 배치하고, 각 장면의 시각적 요소를 제안함으로써 콘티/스토리보드 작성 시간을 단축한다. 예를 들어 작가가 특정 장면의 분위기나 주요 사건을 입력하면, AI는 해당 설정에 맞는 배경 이미지, 캐릭터의 위치 및 동작 등을 시각적으로 표현한 콘티/스토리보드를 생성한다. 이를 통해 작가는 복잡한 장면 전개를 더욱 명확하게 시각화할 수 있으며, 필요한 수정 사항을 신속하게 반영할 수 있다. 또한 AI는 다양한 연출 방식을 제안해 창작자들이 새로운 시각적 표현을 탐구할 수 있도록 지원한다. 동일한 장면이라도 다양한 카메라 앵글이나 패널 구성을 제안함으로써 스토리의 몰입감을 높이거나,

특정 감정을 강조할 수 있는 다양한 연출 방안을 제공해 줄 수 있기 때문이다. 이러한 기능은 작가와 디자이너가 더욱 창의적인 콘티/스토리보드를 제작하는 데 큰 도움이 될 것이다.

콘티/스토리보드 생성 AI는 반복적인 작업을 자동화함으로써 창작자들이 더 창의적인 부분에 집중할 수 있도록 돕는다. 기본적인 배경 설정이나 캐릭터 배치를 자동으로 생성해 줌으로써 작가는 세부적인 이야기 전개나 감정 표현에 더 많은 시간을 할애할 수 있다. 게다가 AI는 다양한 스타일과 테마에 맞춘 콘티/스토리보드를 생성할 수도 있어, 웹툰의 전체적인 톤과 분위기를 일관되게 유지하는 데 기여할 수도 있다.

그러나 콘티/스토리보드 생성 AI 역시 한계점이 있다. AI가 생성하는 콘티/스토리보드는 데이터 기반으로 이루어지기 때문에, 독창적인 연출이나 작가가 의도하는 요소를 충분히 반영하지 못할 수 있다. 따라서 창작자는 AI가 생성한 콘티/스토리보드를 참고 자료로 활용하되, 최종적인 콘티/스토리보드의 완성도와 창의성은 인간 작가와 디자이너의 손길을 통해 보완해야 한다. AI는 콘티/스토리보드 제작 과정에서 효율성을 높이고 기본적인 틀을 제공하는 역할을 수행하지만, 독창적이고 매력적인 웹툰을 완성하기 위해서는 여전히 인간의 창의적 판단과 감각이 필수적이다. 콘티/스토리보드 생성 AI의 도입은 웹툰 제작의 전반적인 프로세스를 혁신적으로 개선할 수 있는 잠재력을 지니고 있다. 이를 통해 창작자들은 더욱 효율적이고 창의적인 방식으로 작품을 개발할 수 있으며 궁극적으로 다양한 독자들에게 더욱 풍부한 이야기를 전달할 수 있게 되겠지만, AI 도구의 한계를 인식하고 인간의 창의력과 결합해 사용하는 것이 차별적인 웹툰 창작의 열쇠가 될 것이다.

AI 기반 그림 보정과 캐릭터 디자인

AI는 웹툰의 시각적 요소를 제작하는 데서도 중요한 역할을 한다. 특히 그림 보정과 캐릭터 디자인에서 AI 기술은 효율성을 크게 향상시켰다. AI 기반 이미지 생성 도구는 배경을 자동으로 생성하거나 캐릭터의 다양한 표정을 빠르게 만들어 낸다. 복잡한 도시 풍경이나 자연 경관 같은 배경을 자동으로 생성해 웹툰의 배경 작업을 신속하게 처리할 수 있으며, 캐릭터의 기쁨, 분노, 슬픔 같은 감정을 표현하는 표정을 다양하게 생성해 작가가 쉽게 선택하고 사용할 수 있도록 돕는다. 이는 작가가 그림을 수작업으로 그리거나 수정하는 데 걸리는 시간을 대폭 줄여 주며, 창작 과정에서 발생할 수 있는 오류를 최소화하는 데 기여한다. AI 기술은 캐릭터의 성격에 따른 표정을 자동으로 구현할 수 있는 가능성을 제공할 것으로 보인다. "데이터 기반의 성격별 캐릭터 표정 자동생성 연구"(김한재, 2020)에서는 성격별 표정 데이터를 수집해 캐릭터에 적용하는 실험을 통해 유의미한 결과를 도출했다. 이를 통해 캐릭터 설정에 중요한 도움을 줄 수 있다고 했다.

AI 기반 그림 보정 도구는 특히 배경 작업에도 큰 장점이 있다. 웹툰의 배경은 종종 세부적인 묘사가 필요한 부분으로, 많은 시간과 노력이 요구된다. AI는 이러한 배경을 자동으로 생성하거나 보정함으로써 작가의 작업 부담을 줄이고 전체적인 제작 시간을 단축시킨다. AI는 특정 시간대에 따른 조명 효과나 날씨에 맞춘 배경 분위기 조정도 자동으로 수행할 수 있어서 작가가 원하는 스타일에 맞춰 배경을 채색하거나, 특정 장면의 분위기를 조정하는 작업을 자동으로 수행해 배경의 조명과 색상을 자동으로 조정함으로써 시간대나 계절에 맞는 분위기를 구현하거나, 배경에 필요한 디테일을 자동으로 추가해 작가가 세밀하게 수정하는 작업을 줄여 준다. 또한 AI는 캐릭터 디자인 과정에서 반복 작업을 줄여 준다. 예를 들면 캐릭터의 의상이나 헤어스타일, 표정 변화를 자동으로 생성해 작가가 다양한 시도를 손쉽게 할 수 있도록 돕는다. 이러한 기능은 캐릭터의 일관성을 유지하면서도 다양한 변화를 빠르게 적용할 수 있게 해 준다. 이는 특히 에피소드가 길어질수록 많은 캐릭터와 다양한 상황을 다루어야 하는 웹툰 작가들에게 큰 도움이 될 것이다.

창작 보조 도구로서 AI의 장단점

AI를 창작 보조 도구로 활용하는 것에는 분명한 장단점이 존재한다. 우선 장점으로는 시간 절약과 효율성 증대를 꼽을 수 있다. AI는 반복적인 작업을 자동화해 작가들이 창의적인 과정에 집중할 수 있게 도와준다. 배경 요소의 반복적인 채색, 소품 디자인, 캐릭터의 복잡한 의상 디테일 등을 대신 처리해 작가가 핵심적인 창작 과정에 더 많은 시간을 할애할 수 있도록 돕는다. 스토리 생성, 그림 보정, 캐릭터 디자인 등 여러 단계에서 AI의 도움을 받으면 작업 속도가 빨라지고, 세부 디테일에 신경을 쓸 수 있는 여유가 생겨 완성도 높은 결과물을 도출할 수 있다. 최근 네이버 웹툰이 개발한 '웹툰 AI 페인터'는 스케치 맥락을 파악해 자동으로 채색해 주는 기능을 제공하게 될 것으로 보인다. 웹툰 AI 페인터는 기존 클립스튜디오 자동 채색보다 완성도가 높고, 명암까지 자동으로 채색하는 장점을 갖추고 있다. 이를 통해 〈칼부림〉의 고일권 작가, 〈이두나!〉의 민송아 작가, 〈유미의 세포들〉의 이동건 작가 등은 채색 작업에 걸리는 시간을 크게 단축할 수 있었다고 긍정적인 후기를 남겼다. 이러한 기술은 특히 1인 작가들에게 보조 작가 없이도 채색 작업을 간단하게 처리할 수 있는 선택지를 제공한다.

AI의 또 다른 장점은 창작 과정에서 시각적 일관성을 유지하는 데 도움을 준다는 점이다. 특히 장기 연재 웹툰에서는 캐릭터의 외형이나 배경의 세부 사항을 일관되게 유지하는 것이 중요한데, AI는 이러한 작업을 자동화해 실수를 줄이고 작가가 스토리 전개에 집중할 수 있는 환경을 제공한다. 또한 AI는 다양한 스타일의 이미지를 빠르게 생성할 수 있어, 작가들이 새로운 시도를 할 때 참고할 수 있는 자료를 제공한다.

그러나 이러한 AI 도구의 사용에는 몇 가지 한계도 존재한다. 먼저 AI는 창작자의 고유한 창의성을 완전히 대체할 수 없다. AI가 제공하는 스토리나 디자인은 어디까지나 데이터를 기반으로 학습해 정형화된 패턴을 따라가기 쉽기 때문에, 창작자의 독창적인 아이디어와 감각을 완벽히 구현하지 못할 수 있다. AI가 생성한 스토리는 종종 예상 가능한 전개로 이어지거나, 전형적인 클리셰에 빠지는 경우가 많다. 또한 감정 표현이나 미묘한 상황 설정에서 인간 창작자가 의도한 섬세한 뉘앙스를 충분히 반영하지 못할 때도 있다. AI에 대한 의존도가 높아질수록 창작자 스스로의 역량이 약화될 위험이 있으며, 이는 장기적으로 창작자의 창의성에 부정적인 영향을 미칠 수 있다. 이러한 한계는 창작자가 AI의 결과물을 비판적으로 검토하고 수정하는 과정을 통해 보완해야 한다.

따라서 AI는 웹툰 창작 과정에서 보조 역할을 하는 도구로 활용되어야 하며, 창작자의 아이디어와 감성을 보완하는 형태로 사용될 때 그 진가를 발휘할 수 있다. AI를 어떻게 활용하느냐에 따라 창작 과정의 효율성이 높아질 수도 있고 반대로 창작자의 개성이 희석될 수도 있기 때문에, 이를 적절히 조율하는 것이 중요하다.

결론적으로, AI는 웹툰 창작 과정에서 매우 유용한 도구로 자리 잡을 것으로 보이며, 이를 효과적으로 활용한다면 창작자들에게 큰 도움이 될 수 있다. 그러나 AI에 대한 지나친 의존은 창작의 본질을 훼손할 수 있기 때문에 창작자의 창의성과 AI의 효율성을 조화롭게 결합하는 것이 필요하다. 앞으로 AI 기술이 더욱 발전함에 따라 웹툰 창작 과정에서 AI의 역할도 더욱 확대될 것으로 기대된다. 하지만 이러한 변화 속에서도 인간 창작자의 고유한 감성과 창의성은 여전히 중요한 가치로 남아 있어야 할 것이다.

참고문헌

강봉진(2023.12.4). 1시간 걸릴 장면, 5분만에 완성 … "웹툰 그리기 참 쉽죠?". 매일경제. https://www.mk.co.kr/news/it/10890345

김한재(2020). 데이터 기반의 성격별 캐릭터 표정 자동생성 연구. 상명대학교 박사학위논문.

김한재(2023). 『Chat GPT로 만화/웹툰 제작하기』, 열린인공지능.

김한재(2024). 『생성형 AI로 웹툰 만화 제작하기』, 성안당.

딥툰. https://www.deeptoon.com/

02
웹툰 창작을 위한 시도

AI 기술의 발전은 웹툰 창작에서 다양한 시도를 가능하게 하고 있다. AI를 활용해 배경 작업의 자동화, 캐릭터 디자인의 반복적인 시도, 스토리 전개의 다양한 시나리오 생성을 실험할 수 있게 되었으며, 이러한 시도는 작가들이 새로운 창작 방식을 탐색할 수 있도록 돕고 있다. 이 장에서는 AI 도구의 활용 사례와 그 효과, 인간 창작자와의 협업 가능성, AI 도구의 한계와 과제를 알아본다.

AI와 MBTI?

웹툰 창작에서 AI 도구의 활용 사례

최근 몇 년간 AI는 웹툰의 스토리 창작, 그림 보정, 캐릭터 디자인 등 다양한 영역에서 활용되고 있으며, 이러한 도구들은 창작자들이 다양한 아이디어를 손쉽게 구현하고 창작 과정의 막힘을 해소하는 데 큰 역할을 하고 있다. 〈샤디〉(2023)는 샤디 카란(Shady Karan) 작가가 챗GPT와 스테이블 디퓨전(Stable Diffusion)을 활용해 제작한 작품이다. 이 작품에서 챗GPT의 자연어 처리 기능은 대화 생성과 참여를 가능하게 했으며, 스테이블 디퓨전의 심층 학습 기능은 텍스트와 이미지 모델, 콘트롤넷(ControlNet)과 결합해 사용되었다. 샤디 카란은 또한 ayonimix_V6 및 revAnimated_v11 모델과 jimLeeDCComicsMarvel_offset LORA를 사용해 만화적인 느낌을 구현했으며, 자신의 얼굴을 주인공 모델로 사용하기 위해 25~30장의 셀카로 훈련된 LORA를 활용했다. 작품의 이미지는 기본적인 설명을 입력해 생성했으며, 일부 포즈와 설정은 원하는 대로 조정했다. 이미지는 100% AI로 생성되었으나, 완성도를 높이기 위해 일부는 수작업으로 수정했고, 최종 작품은 어도비 포토샵을 통해 후작업으로 완성했다.

그림 보정과 배경 작업에서도 AI의 역할이 확대되고

있다. 미드저니(Midjourney)나 스테이블 디퓨전 같은 도구들은 복잡한 배경을 자동으로 생성해 작가의 시간을 절약하고 작가가 창의적인 작업에 집중할 수 있도록 돕는다. 〈I THINK MY KING MIGHT BE A LIL' BITCH #1〉(2023)은 크리스토퍼 잉글리시(Christopher English) 작가가 미드저니를 사용해 제작한 만화책이다. 그는 여전히 다양한 AI 도구를 활용해 만화를 제작하는 방법을 연구 중이며, TV 쇼 〈슈퍼내추럴〉의 세계를 바탕으로 Niji v3를 사용해 만화 제작을 시도하고 있으나 아직 완성하지 못한 상태다. 앞으로 이 작업을 Niji v5로 다시 시도할 계획이다.

또한 캐릭터 디자인에서도 AI의 활용이 증가하고 있다. 일본의 전설적인 만화가 데즈카 오사무의 새로운 작품이 AI 기술을 통해 사후 31년 만에 창작된 사례가 있다. 2020년에 공개된 〈파이돈〉은 '데즈카 2020 프로젝트'에 의해 제작되었으며, 방대한 데이터 수집과 분석을 거쳐 만들어졌다. 게이오대학의 '자동 시나리오 구축 시스템'을 통해 데즈카의 주요 작품 데이터를 바탕으로 수많은 플롯이 생성되었고, 데즈카 오사무의 장남과 다른 작가들이 이를 바탕으로 최종 시나리오를 완성했다. AI 기술인 '스타일GAN'을 활용해 새로운 캐릭터를 생성하고, 인간 창작자들이 최종 캐릭터 디자인을 완성하는 방식으로 진행되었으며, 일부 밑그림 작업은 로봇 팔이 담당하기도 했다. 이러한 프로젝트는 기술과 창작의 결합을 시도한 실험적인 사례로, 향후 AI의 역할이 더욱 확대될 가능성을 보여 준다.

국내에서도 AI를 활용한 만화 제작 연구는 활발히 시도되고 있다. 대표적인 사례로 '이현세 AI 프로젝트'를 들 수 있다. 이 프로젝트는 웹툰 제작사 재담미디어 소속 웹툰기술연구소와 세종대학교 융합콘텐츠연구소, 인공지능학과가 산학 협력을 통해 연구팀을 구성해 진행하고 있다. 연구팀은 만화가 이현세의 기존 작품과 최신 작화 스타일에 대한 데이터를 수집하고 이를 학습해 '이현세 스타일 이미지 생성 모델'을 개발 중이다. 현재 연구팀은 기존 작품의 리메이크 제작을 목표로 연구를 진행하고 있으며, 리메이크 작품의 성과를 바탕으로 이현세 작가가 AI를 창작 도구로 사용한 첫 작품 발표를 1단계 목표로 삼고 있다. 이와 관련해 이현세 작가는 한 언론과의 인터뷰에서 "자신이 세상에 없더라도 창작 세계가 인공지능을 기반으로 유지된다는 것은 끔찍하고 무서운 일이지만, 작가로서 준비해야 할 미래이며 이겨 내야 할 도전"이라고 언급했다. 재담미디어는 이현세 AI 프로젝

그림 2-1. 이현세 AI 프로젝트 이미지(출처: SK텔레콤 뉴스룸)

트를 통해 인공지능이 웹툰 창작 도구로 활용될 수 있는 사례를 만들어 내고, 기술과 노동의 관점에서 창작 활동의 효율성과 수월성을 개선할 계획을 밝혔다.

이러한 AI 기반 프로젝트들은 원로 작가들의 독특한 화풍과 스토리라인을 보존하면서도 새로운 창작물을 제작할 수 있는 기회를 제공할 수 있을 것으로 보인다. 결국 이러한 AI 연구는 한국 만화 산업이 새로운 방향으로 나아가는 중요한 발판이 될 것으로 기대되기도 한다. 이렇게 AI를 활용한 창작 도구의 발전은 작가의 창작 효율성을 높이는 동시에 독자들에게는 더욱 다양하고 흥미로운 콘텐츠를 접할 수 있는 기회를 제공한다.

연구 사례를 통한 AI 도구의 효과 검토

AI 도구의 실제 적용 사례와 그 효과를 검토하기 위해 다양한 연구들도 진행되고 있다. 한 연구에서는 웹툰 작가들이 스토리 생성 AI를 활용해 작업 시간을 얼마나 절약할 수 있는지를 분석했다. 연구 결과에 따르면 AI 도구를 사용한 작가들은 평균적으로 약 30%의 시간을 절약할 수 있었으며, 특히 스토리의 초안을 작성하는 단계에서 AI의 기여도가 컸다고 한다. 이는 AI가 반복적이고 구조적인 작업을 자동화함으로써 작가들이 창의적인 부분에 더 많은 시간을 할애할 수 있도록 도왔기 때문이다.

또 다른 연구에서는 그림 보정과 배경 자동화 도구의 효과를 검토했다. 실험에서는 두 그룹의 작가들이 동일한 웹툰 에피소드를 제작하되, 한 그룹은 AI 도구를 사용하고 다른 그룹은 전통적인 수작업 방식으로 작업했다. 결과적으로 AI 도구를 사용한 그룹은 작업 속도 면에서 큰 우위를 보였으며, 작품의 시각적 일관성에서도 긍정적인 평가를 받았다. 특히 배경 자동화 도구는 복잡한 배경을 신속하게 처리함으로써 작업 효율성을 극대화했다는 점에서 높은 평가를 받았다.

캐릭터 디자인에서 AI 활용에 대한 연구도 주목할 만하다. AI를 활용한 캐릭터 디자인 실험에서는 작가들이

AI 도구를 통해 다양한 스타일을 시도하고 새로운 영감을 얻는 데 큰 도움을 받았다. AI는 설정된 조건에 따라 여러 버전의 캐릭터를 빠르게 생성해 작가가 최적의 디자인을 선택할 수 있도록 돕는다. 이러한 연구들은 AI가 창작 과정에서 단순히 반복 작업을 자동화하는 것을 넘어, 창작자의 창의적 시도를 돕는 도구로 자리 잡고 있음을 보여 준다.

AI와 인간 창작자의 협업 가능성

AI 기술의 발전은 창작자들에게 그동안 직접 수행하기 어려웠던 분야나 외주를 통해서만 가능했던 영역까지도 손쉽게 접근할 수 있는 기회를 제공하게 되었다. 이러한 접근성은 창작 과정의 효율성을 향상시킬 뿐만 아니라 콘텐츠의 확장과 다각화를 통해 창작자가 더 넓은 시장에 진출할 수 있도록 돕고 있다.

예를 들어 AI 기반 번역 도구의 활용으로 웹툰이나 만화 콘텐츠는 더욱 손쉽게 글로벌 시장에 진출할 수 있게 되었다. 예전에는 외주 번역가나 전문 번역 팀에 의존해야 했던 번역 작업이 이제는 AI를 통해 신속하고 효율적으로 이루어지게 되면서, 독립 작가들이 직접 글로벌 시장을 공략하는 데 큰 도움이 되고 있다. 이렇게 자동화된 번역은 문화적 맥락을 고려한 자연스러운 번역을 목표로 발전하고 있으며, 이를 통해 작가들은 자신이 만든 콘텐츠를 전 세계의 독자들에게 선보일 수 있게 되었다는 의미다.

또한 AI 도구는 OST(오리지널 사운드 트랙) 제작이나 더빙 작업에도 활용될 수 있다. 과거에는 대규모 제작사나 자본이 필요한 영역으로 여겨졌던 이러한 요소들도 이제는 AI의 도움으로 독립 작가들이 접근할 수 있는 가능성이 커지고 있다. 예를 들어 AI 기반 음악 생성 도구를 활용해 웹툰이나 무빙툰에 적합한 배경 음악이나 주제곡을 제작할 수 있으며, AI 음성 합성 기술을 통해 캐릭터의 대사를 더빙함으로써 더욱 몰입감 있는 콘텐츠를 제작할 수 있게 되었다. 이러한 무빙툰 제작은 시청각적인 요소를 추가해 독자들에게 더욱 풍부한 경험을 제공하며, 작가들에게는 새로운 형태의 작품을 시도할 수 있는 기회를 열어 준다.

이와 같은 AI 도구의 활용은 창작자가 전통적으로는 외주를 통해서만 가능했던 다양한 요소들을 손쉽게 자신의 작품에 통합할 수 있게 했으며, 이를 통해 콘텐츠의 완성도와 확장성을 크게 높였다. 특히 AI는 창작 과정에서 번역, OST 제작, 더빙 등 여러 요소를 자체적으로 처리할 수 있게 함으로써, 독립 작가들에게도 대형 제작사와의 경쟁에서 뒤처지지 않는 콘텐츠를 제작하고 다양한 플랫폼에 진출할 수 있는 발판을 제공한다. 결국 AI와의 협업은 독립 작가들이 더욱 다양한 시도와 확장을 통해 자신만의 독창적인 콘텐츠를 만들어 내고, 이를 글로벌 시장에서 선보일 수 있는 환경을 마련하는 데 중요한 역할을 하고 있다.

창작 과정에서 AI 도구의 한계와 과제

AI 도구를 활용한 창작 과정에서 주목해야 할 중요한 역량은 기술적 활용 능력을 넘어선 '창작의 본질과 안목'에 대한 깊이 있는 이해와 성찰이다. 웹툰을 포함한 모든 창작 활동에서 AI는 그 자체로 효율적인 도구가 될 수 있지만, 이를 진정으로 잘 활용하기 위해서는 창작자 개개인의 전문성, 특히 기획력과 비판적 사고가 필수적이다.

먼저, AI가 제안하는 결과물은 때로 그럴싸해 보일 수 있지만, 그 결과물이 창작자가 원하는 수준과 일치하는지, 기획 의도에 부합하는지를 판단하는 안목은 오로지 훈련과 경험을 통해서만 길러질 수 있다. 웹툰 창작에서도 마찬가지로, 스토리 전개나 캐릭터 디자인에서 AI가 생성한 초안이 일견 완성도 있어 보일 수 있지만, 그 속에 담긴 감정, 분위기, 맥락을 제대로 파악하고 수용하는 것은 인간 창작자의 역할이다. 단순히 AI가 제공한 것에 의존하는 것이 아니라 비판적으로 그것을 분석하고, 창작 의도에 맞게 수정하고 발전시키는 과정이 필요하다.

웹툰 창작에서 AI 도구가 더욱 발전함에 따라 결국 중요한 것은 창작자가 AI를 통해 만들어 낸 결과물을 수용하고 그것을 더 나은 방향으로 발전시킬 수 있는 능력이다. 예를 들어 AI가 생성한 배경이나 캐릭터가 매력적으로 보일 수 있지만, 그 요소가 스토리의 본질적인 감정선이나 서사에 부합하는지를 판단하는 것은 오롯이 창작자의 몫이다. 이 과정에서 요구되는 것이 바로 창작자 자신의 기획력과 스토리텔링 능력이다. 이는 반복적인 연습과 피드백 과정을 통해 비로소 발전할 수 있으며, 창작자가 AI의 제안을 기계적으로 수용하는 것에 그치지 않고 창의적인 비판과 수정으로 완성도를 높여야 하는 이유다.

또한 독자들의 반응을 분석하고 이를 창작 과정에 반영하는 AI의 활용은 매우 유용하지만, 독자 반응의 맥락을 이해하고 그 안에서 스토리의 핵심 가치를 유지하며 콘텐츠를 재구성하는 능력도 요구된다. AI가 특정 캐릭터나 설정에 대한 독자 반응을 제안한다고 해도, 그것을 어떻게 창작물에 녹여 내어 더 나은 방향으로 이끌어 갈 것인지 결정하는 것은 창작자의 인사이트에 달려 있다. 이는 웹툰 창작자가 단순히 데이터를 해석하는 것에 그치는 것이 아니라 창작자로서 작품의 정체성과 방향성을 유지하며 독자 경험을 극대화하는 과정에서 진정한 차별화가 이루어지기 때문이다.

결국 AI는 훈련된 시니어 창작자들에게는 시간 단축과 반복 작업의 효율성을 높이는 훌륭한 도구가 될 수 있지만, 아직 기획과 안목이 충분히 쌓이지 않은 주니어 창작자들에게는 오히려 성장의 발목을 잡는 결과를 초래할 수 있다. 주니어 창작자들이 훈련을 통해 안목을 기르고 창작 역량을 쌓기 전에 AI 도구에 의존한다면 창작의 본질을 경험하고 배울 기회를 상실하게 된다. 이러한 이유로 AI 도구의 사용은 웹툰 창작자들이 충분한 기획력과 창작적 안목을 먼저 길러야 한다는 전제를 가지고 접근해야 하며, AI와의 협업은 창작 과정의 보조적인 역할로 활용되는 것이 바람직하다.

창작은 결국 그 안에 담긴 감정, 아이디어, 스토리의 핵심 가치가 중요하며, AI는 이러한 요소들을 보조하는 기술적 도구일 뿐이다. 따라서 웹툰 창작에서 AI의 발전이 창작의 전 과정을 대신할 수 있을 때가 온다 해도, 창작의 본질을 파악하고 이를 구현해 낼 수 있는 창작자들의 기획력과 안목은 여전히 중요한 핵심 역량으로 남을 것이다. AI가 아무리 진보해도, 결국 창작은 인간의 감정과 감각, 그리고 독창적인 시각에 의해 완성된다는 점을 명심해야 한다.

참고문헌

김한재(2024.10.15). 제3절 기술환경(AI), 『2024만화산업백서』. 문화체육관광부, 한국콘텐츠진흥원.

유경호 외(2023). 확산모델의 미세조정을 통한 웹툰 생성연구. ≪스마트미디어저널≫, 12(7), pp.76-83.

03
플랫폼 혁신

AI 기술은 웹툰 플랫폼의 운영 방식을 근본적으로 변화시키고 있다. 이 장에서는 AI가 웹툰 플랫폼 운영에 미치게 될 변화와 그 효과, 사용자 경험 개선 방안, AI 도입의 장단점에 대해 다룬다.

AI와 난임 극복?

AI 기반 웹툰 플랫폼 운영의 변화

AI 기술은 웹툰 플랫폼 운영 방식에서 콘텐츠 관리 자동화, 개인화된 추천 시스템, 사용자 경험 개선 등 구체적인 변화를 가져오고 있다. 웹툰 플랫폼은 많은 양의 콘텐츠를 효율적으로 관리하고 독자들에게 최적의 경험을 제공하기 위해 다양한 기술을 필요로 한다. AI는 작품의 메타데이터를 자동으로 분석해 독자 맞춤형 추천을 제공하거나, 플랫폼의 실시간 트래픽을 모니터링해 서버 자원을 효율적으로 배분함으로써 플랫폼의 효율성을 크게 높이는 등의 요구를 충족하기 위해 중요한 역할을 할 수 있다. 특히 사용자 데이터를 분석해 개인화된 콘텐츠를 추천하거나, 작품의 인기와 독자 반응을 실시간으로 모니터링하는 데 사용하기에 적합하다.

AI 기반 추천 시스템은 독자 개개인의 취향을 분석해 맞춤형 콘텐츠를 제공하는 데 중요한 역할을 할 수 있다. 독자들이 어떤 장르의 웹툰을 좋아하는지, 어떤 작가의 작품을 주로 읽는지를 분석함으로써 그들의 관심사에 맞는 웹툰을 추천하는 것이 가능하기 때문이다. 이는 독자들에게 더욱 개인화된 경험을 제공하며, 플랫폼의 사용자 만족도를 높이는 데 기여할 수 있다. 넷플릭스나 유튜브와 같은 미디어 플랫폼에서 이미 널리 사용되고 있는 AI 추천 시스템은 웹툰 플랫폼에서도 매우 유용하게 활용되고 있다. 이들 플랫폼은 사용자 데이터를 분석해 맞춤형 콘텐츠를 제공한다는 점에서 유사하지만, 웹툰 플랫폼은 독자들의 연재 형식에 대한 선호도, 에피소드 간의 연결성 등을 고려해 더욱 세밀한 추천을 제공한다. 이는 웹툰 독자들이 각 에피소드 간의 흐름을 놓치지 않고 즐길 수 있도록 돕는 차별화된 접근 방식일 것이다.

콘텐츠 관리와 운영의 효율성 증대

웹툰 플랫폼의 운영에서 수많은 작품을 효과적으로 관리하고 독자들이 원하는 콘텐츠에 빠르게 접근할 수 있도록 하는 것이 가장 중요한 요소 중 하나다. AI는 이러한 콘텐츠 관리 작업을 자동화하고 운영 효율성을 극대화하는 데 도움을 준다. 작품의 메타데이터를 분석해 각 작품의 특성과 장르를 자동으로 분류하거나, 불법 복제 콘텐츠를 감지해 플랫폼의 저작권 보호를 강화하는 역할을 할 수 있다. 네이버 웹툰의 '툰레이더'는 2018년 도입된 불법 복제 및 유통 추적 기술로, 웹툰 콘텐츠의 저작권 보호를 획기적으로 개선했다. 웹툰에 특정 코드를 삽입해 불법 유출자를 20분 이내에 찾아내고 차단함으로써, 네이버 웹툰의 불법 업로드 시점은 타 플랫폼 대비

평균 25일 늦어졌고, 불법 유통 비율도 16.3%로 타사의 83.6%, 68.3%에 비해 현저히 낮아졌다. 또한 네이버 웹툰은 무단 AI 학습으로부터 웹툰을 보호하기 위해 '웹툰 AI 임파스토(Webtoon AI Impasto)'를 특허 등록하기도 했다. 이는 웹툰 콘텐츠가 AI 학습에 무분별하게 사용되는 것을 방지하고, 창작자의 권리를 지키기 위한 조치다. 네이버 웹툰은 이러한 기술을 통해 AI 시대에 창작자의 고유한 자산을 보호하고 긍정적인 창작 환경을 조성하려고 노력하고 있다. 이와 같은 노력은 웹툰 플랫폼을 보호하는 조치일 뿐만 아니라 창작자의 창의적 자산을 지키고 AI 기술이 콘텐츠 산업에서 긍정적 역할을 할 수 있도록 방향성을 제시하는 중요한 사례로 평가받고 있다.

AI 기술은 웹툰 작품의 품질 관리에도 중요한 역할을 할 것으로 기대되고 있다. AI가 작품 내 시각적 오류를 자동으로 감지하거나 장면 간 색상 일관성을 유지하도록 지원함으로써, 시각적 품질을 보장하고 작가들이 발견하지 못한 세부적인 오류를 쉽게 수정할 수 있게 도울 것으로 예상된다. 이러한 AI 기반 품질 관리 시스템은 작가들이 창작에만 전념할 수 있도록 기술적 지원을 제공하며, 결과적으로 플랫폼에 올라오는 작품들의 기본적인 품질 수준을 유지하는 데 기여할 것으로 예상된다. 작품 내 맞춤법과 문법 오류를 자동으로 검토하고 수정하는 기능 역시 제공함으로써 작가들이 더 완성도 높은 스크립트를 유지하도록 지원할 것으로 기대된다. 또한 성인지, 사회적으로 민감할 수 있는 이슈뿐만 아니라 다양한 문화적 차이를 미리 검토하고 조정할 수 있으며, 다른 언어로 이러한 요소들을 적절히 번역하고 제안받아 각 문화권의 맥락에 맞춘 콘텐츠를 제작할 수도 있다. 이를 통해 웹툰 창작 과정에서 발생할 수 있는 표현과 언어적인 오류를 줄여 독자들에게 매끄러운 읽기 경험을 제공하고 콘텐츠의 질을 한층 높일 수 있을 것이다. AI가 제공하는 자동 리뷰 시스템은 작품의 내용과 품질을 점검하고 플랫폼의 기준에 맞지 않는 콘텐츠를 필터링함으로써 독자들이 언제나 양질의 콘텐츠만을 접할 수 있도록 보장하며 플랫폼의 신뢰도를 높이는 데 기여할 잠재력이 있다. 플랫폼의 댓글과 리뷰를 분석해 독자들의 피드백을 수집하고, 이를 바탕으로 작가들에게 개선 사항을 제안하는 기능을 수행할 수 있을 것으로 기대된다. 이러한 AI 기반 피드백 루프는 창작자와 독자 간의 소통을 강화하고, 독자들의 요구와 기대를 작품에 반영함으로써 콘텐츠의 질적 향상을 도모하는 데 도움을 줄 것이다. 특히 AI는 악성 댓글에서 상처가 될 수 있는 표현들을 필터링하고, 순화된 언어로 작품의 문제점만을 걸러 내어 보고함으로써, 작가들의 정서를 해치지 않고 작품 연구와 창작에만 집중할 수 있는 환경을 조성하는 데 기여할 수도 있을 것이다. 이처럼 AI의 정서적 보호 기능은 창작자의 창의성을 보호하고 지속 가능한 창작 활동을 위한 긍정적인 환경을 제공하는 데 중요한 역할을 할 것으로 기대된다. 이 과정에서 AI는 단순한 자동화 도구를 넘어 창작 과정의 중요한 협력자이자 피드백을 효율적으로 수집하고 분석하는 중재자 역할을 할 수 있을 것이다.

사용자 경험 개선 방안

AI는 웹툰 플랫폼의 사용자 경험(UX)을 개선하는 데 중요한 역할을 하고 있다. 독자들이 플랫폼을 사용할 때 겪는 불편함을 최소화하고 더욱 매끄러운 사용자 경험을 제공하기 위해 AI는 다양한 방식으로 활용되고 있다. 예를 들어 자연어 처리(NLP) 기술을 사용해 독자들이 검색할 때 더 정확한 결과를 제공하거나, 독자들의 질문에 자동으로 응답하는 챗봇을 통해 사용자 지원 서비스를 강화할 수 있다.

또한 AI는 사용자 인터페이스(UI) 개선에도 기여하고 있다. 사용자의 클릭 행동, 검색 이력, 선호 장르 등 다양한 데이터를 분석해 인터페이스를 개인화하고, 사용자가 선호하는 콘텐츠에 빠르게 접근할 수 있도록 홈 화면을 맞춤형으로 구성한다. 이렇게 개인화된 UI는 독자들이 플랫폼에서 더 오래 머물도록 유도하며, 결과적으로 플랫폼의 활성화와 사용자 만족도 향상에 기여한다.

AI는 또한 독자들이 웹툰을 더욱 몰입감 있게 즐길 수 있도록 다양한 기능을 제공한다. 예를 들면 음성 인식 기술을 활용해 독자가 원하는 부분을 소리 내어 읽어 주는 기능이나, 캐릭터의 표정을 애니메이션으로 표현해 독자들의 몰입감을 높이는 기능 등이 있다. 이러한 기능들은 웹툰을 더 풍부한 멀티미디어 경험으로 발전시키는 데 중요한 역할을 한다.

AI 활용의 장단점과 고려 사항

AI를 활용한 웹툰 플랫폼 운영에는 여러 장점이 있지만, 동시에 고려해야 할 단점과 한계도 존재한다. 우선 AI의 가장 큰 장점은 효율성이다. 반복적이고 시간 소모적인 작업을 자동화함으로써 운영 비용을 줄이고 작업의 정확성을 높일 수 있다. 또한 방대한 사용자 데이터를 신속하게 분석해 개인화된 경험을 제공함으로써 플랫폼의 사용자 만족도를 높이는 데 기여한다.

그러나 AI에 대한 과도한 의존은 문제가 될 수 있다. AI의 결정이 항상 정확한 것은 아니며, 잘못된 추천이나 콘텐츠 필터링 오류가 발생할 수 있다. 대표적으로 자주 일어날 수 있는 오류로, AI가 특정 작품을 부적절한 콘텐츠로 잘못 분류해 삭제하거나 노출을 제한하는 경우가 생길 수 있으며, 이는 작가의 창작물에 대한 정당한 평가 기회를 박탈할 수 있다. 또한 독자가 선호할 만한 작품을 잘못 추천함으로써 사용자 경험이 저하되는 사례도 발생할 수 있다. AI가 제공하는 개인화된 추천이 지나치게 편향될 경우 독자들이 다양한 작품을 접할 기회를 제한할 수 있다. 이러한 문제를 해결하기 위해서는 AI 시스템의 정확도를 지속적으로 개선하고 인간 운영자의 감시와 피드백을 병행하는 것이 필요하다. AI 기술이 발전함에 따라 웹툰 플랫폼 운영의 많은 부분이 자동화되고 있지만, 여전히 인간의 창의성과 판단이 중요한 역할을 한다. AI는 어디까지나 도구일 뿐이며, 그 도구를 어떻게 활용하느냐에 따라 결과는 달라질 수 있다. 따라서 AI와 인간의 협업을 통해 플랫폼의 운영 효율성과 사용자 경험을 극대화하는 것이 중요하다.

결론적으로 AI는 웹툰 플랫폼 운영과 서비스의 혁신을 이끄는 중요한 요소로 자리 잡고 있다. 개인화된 추천, 콘텐츠 관리 자동화, 사용자 경험 개선 등 다양한 측면에서 AI는 플랫폼의 경쟁력을 높이는 데 기여하고 있다. 그러나 AI의 한계와 위험성을 인지하고 이를 보완하기 위한 노력을 병행할 때, 웹툰 플랫폼은 더욱 발전할 수 있을 것이다.

참고문헌

이세인(2024.7.22). 웹툰 시장 속 AI 기술 현재와 미래. 만화규장각. https://www.kmas.or.kr/webzine/cover/2024070051

04
글로벌 시장 진출

웹툰 산업은 글로벌 시장으로의 확장을 위해 다양한 전략을 필요로 한다. 특히 AI 기술은 번역에서 언어 장벽을 허물고, 현지화에서 각국의 문화적 차이에 맞는 콘텐츠 조정을 돕고, 마케팅에서는 글로벌 독자들의 취향을 분석해 맞춤형 캠페인을 전개하는 등 중요한 역할을 하고 있다. 이 장에서는 AI를 활용한 글로벌 시장 진출의 다양한 방안을 살펴본다.

AI와 사주?

AI 기반 번역 기술의 발전과 웹툰의 글로벌 확장

웹툰의 글로벌 시장 진출에서 가장 큰 장애물 중 하나는 언어의 장벽이었다. 그러나 AI 기반 번역 기술의 발전으로 이러한 장벽이 점차 허물어질 것으로 보인다. AI는 웹툰의 대사를 다양한 언어로 번역하는 작업을 자동화해, 웹툰이 전 세계 독자들에게 쉽게 다가가도록 도울 수 있을 것이다. 지난 2023년 3월 키다리스튜디오가 AI 자연어 처리 전문 기업 트위그팜과 멀티 모달 기반 번역기가 바탕인 웹툰 전용 번역기 공급을 위한 계약을 체결했다. 문자뿐만 아니라 웹툰 이미지 정보도 학습용 데이터로 활용하는 방식이라 웹툰 이미지에서 화자 및 문맥 정보를 추출하고 이를 번역기 모델에서 활용해 더 정확하고 자연스러운 고품질 번역이 가능하다고 회사 측은 설명했다. 과거에는 웹툰의 번역이 수작업으로 이루어졌기 때문에 시간과 비용이 많이 들었으며, 번역 품질도 일정하지 않았다. 그러나 AI 번역 도구의 도입으로 번역 속도가 크게 향상되었고, 웹툰이 다양한 언어로 빠르게 제공될 수 있게 되었다. 이러한 기술들은 웹툰의 글로벌 확산에 중요한 역할을 할 것이다.

문화적 적응을 통한 현지화 전략

AI 기반 번역이 언어의 장벽을 해결하는 데 도움을 주기는 하지만, 웹툰의 글로벌 시장 진출에서는 문화적 적응, 즉 현지화(localization)도 중요한 요소로 작용한다. AI는 문화적 차이를 고려해 웹툰의 내용을 각 국가의 독자들에게 맞게 조정하는 데도 도움을 줄 수 있다. 한국 웹툰에 자주 등장하는 문화적 요소나 특정 관습은 다른 문화권의 독자들에게 낯설게 느껴질 수 있는데, AI는 이러한 요소를 자동으로 분석하고, 해당 문화권에 더 잘 맞는 표현이나 비유로 변경하는 데 도움을 준다. 이를 통해 독자들이 웹툰에 더 쉽게 몰입할 수 있도록 하고, 문화적 장벽을 최소화해 글로벌 시장에서 성공 가능성을 높일 수 있다. 또는 특정 문화권에서 금기시되는 요소를 감지하고 해당 요소를 더 적절한 표현으로 변경하거나, 현지 관습에 맞는 비유와 이미지로 대체하는 방식으로 현지화 과정을 도울 수 있다. 예를 들어, 한국 웹툰에 자주 등장하는 명절인 추석 장면을 미국 독자들이 더 쉽게 이해할 수 있도록 추수감사절 장면으로 대체하거나, 특정 사회적 이슈에 대한 민감도를 고려해 대사를 수정하는 등 각 문화에 맞는 적응을 자동으로 수행하는 것이 가능하다. 이는 단순히 언어를 번역하는 것에서 나아가, 각국의 문화적 맥락에 맞는 표현으로 변경하고 독자들이 쉽게 공감할 수 있는 요소를 추가하는 것을 의미한다.

또한 AI는 독자들의 피드백을 실시간으로 분석해 각국에서 웹툰이 어떻게 받아들여지고 있는지를 파악할 수 있다. 이를 통해 특정 국가에서 인기가 높은 캐릭터나 스토리라인을 강화하거나, 반응이 좋지 않은 요소를 수정하는 등 현지화된 마케팅 전략을 수립할 수 있겠다. 예를 들어 일본에서 특정 캐릭터가 높은 인기를 얻고 있다는 피드백을 분석한 후, 해당 캐릭터의 출연 장면을 늘리거나 관련 굿즈를 제작하는 등의 전략을 세울 수 있다. 반대로 문화적 오해를 불러일으킨 요소는 피드백을 통해 빠르게 수정해 현지 독자들에게 더 적합한 콘텐츠로 개선할 수 있다. 이를 통해 플랫폼 운영자와 작가들은 현지화 전략을 더욱 정교하게 다듬고, 독자들의 요구에 맞는 콘텐츠를 제공할 수 있다.

글로벌 시장에서의 성공 전략

AI를 활용한 웹툰의 글로벌 시장 진출을 위해서는 번역과 현지화 외에도 다양한 성공 전략이 필요하다. 먼저 AI 기반 데이터 분석은 글로벌 독자들의 취향을 파악하는 데 중요한 역할을 한다. 예를 들어 클러스터링 알고리즘을 사용해 독자들을 유사한 취향 그룹으로 분류하거나, 딥러닝 모델을 통해 독자들의 선호도를 예측해 맞춤형 추천을 제공하는 방식으로 글로벌 독자들의 취향을 분석하고 있다. 자연어 처리와 기계 학습 알고리즘을 사용해 독자들의 댓글, 리뷰, 소셜 미디어 활동 등을 분석하고, 이를 통해 각 국가의 독자들이 선호하는 장르, 주제, 캐릭터 유형 등을 도출한다. 이러한 분석을 통해 플랫폼은 독자 맞춤형 콘텐츠를 제공할 수 있게 된다. AI는 각국의 독자들이 선호하는 장르, 스토리 전개 방식, 캐릭터 유형 등을 분석해 작가와 플랫폼 운영자에게 유용한 정보를 제공한다. 이러한 데이터를 바탕으로 각 시장에 맞는 맞춤형 콘텐츠를 제작하고, 현지 독자들의 관심을 끌 전략을 수립할 수 있다.

또한 AI는 마케팅 전략 수립에도 큰 도움을 줄 수 있다. X(구 트위터)나 인스타그램과 같은 소셜 미디어 분석을 통해 특정 국가에서 이루어지는 웹툰에 대한 언급을 분석하고, 독자들이 어떤 캐릭터나 스토리라인에 관심이 있는지를 파악해 관심도가 높은 키워드나 트렌드를 파악하고, 이를 바탕으로 최적화된 마케팅 메시지를 작성해 효과적인 광고 캠페인을 전개할 수 있을 것이다. 글로벌 시장에서 성공하기 위해서는 플랫폼의 접근성도 중요한 요소가 되는데, 여기에서도 AI는 독자들이 원하는 콘텐츠를 쉽게 찾도록 추천 시스템을 개선하는 데 기여할 수 있다. 특히 다국어 지원과, 사용자가 이전에 읽었던 웹툰과 유사한 작품을 추천하거나 각국에서 인기 있는 작품을 우선적으로 보여 주는 등의 개인화된 추천 기능은 독자들이 자신에게 맞는 웹툰을 빠르게 발견하고 플랫폼에 지속적으로 머물도록 유도하는 중요한 요소가 될 것이다.

AI 활용의 장단점과 글로벌 진출의 도전 과제

AI를 활용한 글로벌 시장 진출에는 여러 장점이 있지만, 동시에 해결해야 할 과제도 존재하기 때문에 쉽게 시도되지는 못한다. 실제로 현재 일본은 AI 번역 기술 개발에 박차를 가하고 있는 반면, 국내 웹툰 산업은 AI 번역에 회의적인 분위기로 아직까지 전문 인력을 통해 번역과 현지화 작업을 하고 있다. 예를 들면 우리나라에서 자주 사용되는 '정(情)'이라는 개념이 영어로 번역될 때 단순히 'affection'이나 'emotion'으로 번역될 수 있는데, 이 단어만으로는 문화적 의미가 제대로 전달되지 않아 작가가 의도한 감정 같은 미묘한 뉘앙스나 문화적 맥락을 완벽하게 반영하지 못하는 경우가 많다고 여겨지고 있기 때문이다. 또한 한국 웹툰의 특정 유머가 영어 번역에서 어색하게 전달되어 독자들이 이해하지 못하거나, 잘못된 맥락으로 번역되어 독자들에게 부정적인 반응을 초래한 경우도 있었다. 이러한 한계는 때때로 번역 품질에 영향을 미쳐 독자들의 몰입을 방해할 수 있다. 따라서 AI 번역 결과를 인간 번역가가 검토하고 수정하는 과정이 필요하다.

또한 AI를 통한 현지화 과정에서 발생할 수 있는 문화적 오해나 잘못된 적용도 주의해야 한다. AI가 자동으로 문화적 요소를 변경하는 과정에서 잘못된 판단을 내릴 경우, 오히려 독자들에게 부정적인 인상을 줄 수 있다. 이를 방지하기 위해서는 현지 문화를 깊이 이해하고 있는 인간 전문가의 검토와 AI의 협업이 필요하다.

결론적으로 AI는 웹툰의 글로벌 시장 진출을 촉진하는 데서 번역과 현지화, 데이터 분석을 통한 맞춤형 콘텐츠 제작, 개인화된 추천과 마케팅 전략 수립 등 다양한 측면에서 중요한 도구로 작용할 수 있다. 하지만 동시에 그 한계와 과제도 인지하고 보완하기 위한 노력을 병행할 때, 글로벌 시장에서 웹툰의 성공 가능성은 더욱 높아질 것이다.

참고문헌

김주완(2023.6.26). 일상 파고드는 AI 번역… 실시간 통역, 웹툰 현지화에도 기여. 한국경제. https://www.hankyung.com/economy/article/2023062636091

이정현(2024.6.6). AI 만화 번역 가능할까... 일본은 '도전' 한국은 "아직". 머니투데이. https://news.mt.co.kr/mtview.php?no=2024060314595735904

이준식 · 박도형(2019). 웹툰 콘텐츠 추천을 위한 소비자 감성 패턴 맵 개발. ≪지능정보연구≫, 25(4), pp.67-88.

황동현 외(2018). 안드로이드에서 협업 필터링과 개인성향을 이용한 웹툰 추천 시스템. 한국정보처리학회 2018년도 춘계학술발표대회, 25(1), pp.492-495.

05
데이터 분석

데이터 분석은 웹툰 산업의 핵심적인 요소로, 독자들이 어떤 콘텐츠를 선호하고 어떻게 소비하는지를 파악하는 데 큰 역할을 한다. 특히 AI 기술을 활용한 데이터 분석은 맞춤형 콘텐츠 추천부터 웹툰 제작 및 마케팅 전략 수립까지 다양한 방식으로 웹툰 플랫폼의 경쟁력을 높이고 있다. 이 장에서는 AI를 활용한 데이터 분석 방법과 이를 통해 얻을 수 있는 인사이트, 그리고 데이터 기반 의사 결정의 중요성을 알아본다.

AI와 아이돌?

큐레이션 : AI를 통한 독자 취향 분석

웹툰 플랫폼에서 AI 기술은 독자의 취향과 관심사를 분석해 맞춤형 콘텐츠를 제공하는 데 핵심적인 역할을 수행할 것으로 기대된다. 독자들이 웹툰을 소비하는 과정에서 생성되는 방대한 데이터를 AI가 수집하고 분석함으로써 각 독자의 선호도를 세밀하게 파악하고 이를 바탕으로 한 개인화된 콘텐츠 추천이 가능해진다. 예를 들어 AI는 독자가 주로 소비하는 장르, 선호하는 작가, 주로 이용하는 시간대 등 다양한 데이터를 통해 독자의 취향을 종합적으로 분석하고, 이를 바탕으로 맞춤형 추천을 제공할 수 있다. 이를 통해 독자들은 관심을 가질 만한 작품을 더 손쉽게 발견할 수 있고, 이는 플랫폼의 사용자 만족도와 충성도를 높이는 데 기여할 것이다.

네이버 웹툰은 인공지능 기술을 기반으로 큐레이션 기능에 상당한 투자를 하고 있으며, 그 대표적인 기능이 '알아서 딱!'이다. 이 기능은 사용자의 선호도를 분석해 개인 맞춤형으로 콘텐츠를 정렬함으로써, 이전의 단순한 인기 순위나 최신 순서의 정렬 방식에서 벗어나 독자별로 맞춤화된 콘텐츠 소비 경험을 제공하는 데 중점을 두고 있다. 이는 독자들에게 더욱 개인화된 경험을 제공해 플랫폼에 머무는 시간을 늘리고, 전반적인 사용자 경험을 향상시키는 데 중요한 역할을 한다.

카카오엔터테인먼트도 AI 기반의 추천 기술로 헬릭스(Helix), 헬릭스 푸시(Helix Push), 헬릭스 숏츠(Helix Shorts)를 발표하며 개인 맞춤형 콘텐츠 큐레이션의 새로운 가능성을 열었다. 헬릭스는 웹툰과 웹소설뿐만 아니라 음악 등 다양한 콘텐츠를 연계해 추천하는 AI 기술로, 이용자 맞춤형 경험을 제공하고자 한다. 또한 헬릭스 푸시는 헬릭스를 통해 도출된 최적의 시간대에 최적화된 콘텐츠를 개인별로 전달함으로써 사용자와의 소통을 강화하고 있다. 이러한 기술들은 이용자의 취향을 깊이 이해하고, 그에 맞는 콘텐츠를 제안해 창작자의 작품이 더 많은 독자에게 도달할 수 있도록 지원하는 중요한 역할을 할 것이다.

AI 기반 큐레이션 기능은 플랫폼 내에서 사용자 간의 선순환을 유도하며, 플랫폼과 이용자 모두에게 긍정적인 영향을 미친다. 특히 다가오는 AI 에이전트 시대에는 이러한 맞춤형 큐레이션 기술의 중요성이 더욱 커질 것이다. AI는 독자들이 어떤 콘텐츠에 반응하는지를 분석하고, 그 데이터를 기반으로 창작자들에게 피드백을 제공해 독자와 창작자 간의 상호작용을 더욱 밀접하게 할 수 있다. 이를 통해 독자는 좋아할 만한 작품을 더 쉽게 발견하고, 창작자는 작품이 더 많은 독자에게 전달될 기회를 얻을 것이다.

AI는 웹툰의 유통 방식에도 변화를 가져올 것으로 기대된다. 과거에는 작품이 대중에게 도달하기까지 여러 단계의 검토와 승인 절차를 거쳐야 했으나, AI는 독자들의 선호도를 분석해 맞춤형 추천 시스템을 구축함으로써 이러한 유통 과정을 효율화할 수 있다.

이러한 맞춤형 추천 시스템은 독자들의 행동 데이터를 기반으로 작동한다. 예를 들어 독자들이 어떤 작품을 오래 읽고 어떤 장르에 관심을 보였는지를 분석해 개인별로 최적화된 작품을 추천하는 방식이다. AI는 이러한 방대한 데이터를 빠르게 처리하고 복잡한 패턴을 분석해 독자 맞춤형 콘텐츠를 제공할 수 있다. 이는 독자의 만족도를 높이고 플랫폼의 활성화를 촉진하는 데 중요한 역할을 할 것이다. 나아가 AI 기술은 큐레이션 과정에서 악성 댓글을 필터링하고 순화된 언어로 독자들의 피드백을 분석해 작가에게 전달함으로써, 작가가 정서적 부담 없이 작품의 개선 사항에 집중하도록 도울 수 있다. 이러한 정서적 보호와 맞춤형 피드백 제공 기능은 창작자들이 창작에 더욱 몰입할 수 있는 환경을 조성하고, 창작의 질을 지속적으로 높이는 데 기여할 수 있을 것이다.

결과적으로 AI 기술의 발전은 웹툰 플랫폼에서 독자의 취향과 피드백을 기반으로 한 개인 맞춤형 콘텐츠 제공, 창작자와 독자 간의 상호작용 강화, 창작자의 정서적 보호, 작품 유통 과정의 효율화 등 다양한 측면에서 긍정적인 변화를 가져올 것으로 기대된다. 이러한 기술적 도입은 AI 에이전트 시대에 플랫폼의 경쟁력을 높이고, 독자와 창작자 모두에게 이로운 환경을 제공하는 중요한 초석이 될 것이다.

개인화된 추천 시스템의 역할

AI 기술은 웹툰 소비 방식의 혁신적인 변화를 이끌 수 있는 중요한 도구로, 특히 개인화된 추천 시스템은 독자 경험을 한층 강화하는 데 중요한 역할을 할 것으로 기대된다. 단순한 순서에 따라 작품을 소비하는 기존 방식에서 벗어나, AI는 독자 개개인의 취향을 반영한 맞춤형 추천을 제공함으로써 각 독자가 자신의 취향에 맞는 작품을 더 손쉽게 발견할 수 있도록 돕는다. 이러한 개인화된 추천은 독자들의 콘텐츠 발견 과정을 더욱 능동적이고 흥미롭게 만들어 플랫폼에 대한 몰입감을 높일 수 있다.

특히 AI 기반의 인터랙티브 기능을 통해 독자들은 이야기 전개에 직접적으로 영향을 미치는 새로운 경험을 할 수 있을 것으로 기대된다. 아직 이와 같은 시도는 많지 않지만, AI를 활용한 인터랙티브 웹툰은 독자들이 스토리의 결말을 선택하거나 캐릭터의 운명을 결정하는 등 이야기의 주체로서 참여하는 경험을 가능하게 할 것이다. 이러한 형식은 기존 웹툰과 차별화된 새로운 재미와 몰입감을 제공함으로써 독자들에게 더욱 깊이 있는 참여 경험을 선사할 수 있다.

개인화된 추천 시스템은 웹툰 플랫폼에서 독자들의 콘텐츠 경험을 크게 향상시키는 주요한 도구로 자리 잡고 있다. AI는 독자들의 행동 데이터를 실시간으로 분석하고 이를 바탕으로 각 독자의 취향에 맞는 웹툰을 추천한다. 단순히 인기 있는 작품을 추천하는 것이 아니라 독자들이 선호하는 장르, 설정, 스토리라인을 분석해 각 독자가 흥미를 가질 만한 새로운 작품을 제안함으로써, 더욱 풍부하고 맞춤화한 독서 경험을 제공한다. 예를 들어 판타지와 액션을 즐기고 강인한 주인공 캐릭터를 선호하는 독자에게 AI는 이러한 요소를 반영한 신작 액션 판타지 웹툰을 추천할 수 있다.

또한 AI 기반 개인화 추천 시스템은 플랫폼의 콘텐츠 다양성을 유지하고 강화하는 데도 중요한 역할을 한다. 신인 작가의 작품이 기존 인기 작품과 유사한 특성을 가지고 있을 경우 AI는 이를 독자들의 추천 목록에 포함시킴으로써 신인 작가들이 더 많은 독자들과 만날 수 있는 기회를 제공한다. 이와 같은 방식으로 독자들은 새로운 작가의 작품을 접하고 그들의 매력을 발견할 수 있으며, 신인 작가들은 더 폭넓은 독자층과 접점을 형성하게 된다. 이러한 접근은 독자들에게 익숙하지 않은 새로운 작품들을 경험하게 함으로써 플랫폼 내에서 콘텐츠 소비를 다채롭게 하고, 창작자들에게는 그들만의 독창성을 널리 알릴 수 있는 기회를 제공한다. AI 추천 시스템은 특히 독자 행동 데이터를 기반으로 맞춤형 경험을 제공함으로써 독자들의 콘텐츠 소비 과정을 능동적으로 바꾸는 역할을 한다. 예를 들어 독자가 특정 장르나 스타일의 웹툰에 반응한 데이터를 바탕으로 AI는 비슷한 취향을 가진 작품을 추천하거나 독자의 독서 패턴에 맞추어 최적의 시점에 콘텐츠를 제공하는 방식으로 독자 경험을 더욱 풍부하게 만든다. 이는 단순한 추천을 넘어 독자와 콘텐츠 간의 더욱 깊이 있는 연결을 형성하고, 플랫폼의 전반적인 활성화에 기여할 수 있다. 또한 개인화된 추천 시스템은 단순히 작품 추천에 그치는 것이 아니라 독자들이 어떤 요소에 반응하고 어떤 부분을 선호하는지에 대한 데이터를 바탕으로 창작자들에게도 피드백을 제공할 수 있는 중요한 기능을 갖고 있다. 이를 통해 창작자는 자신의 작품이 독자들에게 어떻게 받아들여지고 있는지, 어떤 부분이 더 개선되어야 하는지를 이해하고 창작 활동에 반영함으로써 작품의 완성도를 높일 수 있다. 이와 같은 데이터 기반 피드백은 창작자와 독자 간의 상호작용을 강화하고 콘텐츠의 질적 향상에 기여한다.

결과적으로, AI 기술을 활용한 개인화된 추천 시스템은 웹툰 플랫폼에서 독자의 콘텐츠 경험을 개선하고, 플랫폼과 독자 간의 상호작용을 강화하며, 창작자들이 더 나은 작품을 제공할 수 있도록 돕는 중요한 역할을 할 것이다. 이러한 기술적 발전은 AI 에이전트 시대에 독자와 창작자 모두에게 새로운 기회를 제공하고, 플랫폼의 경쟁력을 강화하는 중요한 요소로 자리 잡을 것으로 기대된다.

웹툰 소비 데이터 분석을 통한 선호도 파악

AI 기술을 활용한 웹툰 소비 데이터 분석은 독자 선호도 파악과 맞춤형 마케팅 전략 수립에 중요한 역할을 할 것이다. 웹툰 플랫폼에서 AI는 독자들의 행동 데이터를 심층 분석해 독자들이 선호하는 캐릭터나 스토리라인, 장르 취향을 파악함으로써 더 효율적인 마케팅 전략을 수

립하는 데 기여할 수 있다. 예를 들어 소셜 미디어의 반응을 분석해 독자들이 특정 캐릭터나 스토리에 큰 관심을 보인다는 것을 알게 되면, 작가와 플랫폼 운영자는 이를 활용해 그 캐릭터나 스토리를 중심으로 한 콘텐츠나 프로모션을 강화할 수 있다. 이를 통해 작품의 인지도를 높이고 독자들에게 더 큰 흥미를 유발할 수 있다.

AI를 기반으로 한 웹툰 소비 데이터 분석은 독자의 취향과 트렌드를 파악하는 데 핵심적인 역할을 한다. 독자들이 웹툰을 어떻게 소비하는지를 정확히 이해함으로써 플랫폼 운영자는 어떤 작품이 인기가 있고 어떤 요소가 독자들에게 특히 매력적으로 다가가는지를 알 수 있다. AI는 독자들의 클릭 데이터, 체류 시간, 댓글, 좋아요와 같은 행동 데이터를 클러스터링 및 패턴 인식 기법을 통해 분석해 행동 패턴과 선호도를 명확히 파악한다. 클러스터링 기법은 유사한 행동 패턴을 가진 독자들을 그룹화하고 각 그룹에 맞는 콘텐츠를 추천함으로써 개인화된 콘텐츠 경험을 제공한다. 패턴 인식 기술은 독자의 웹툰 소비 습관에서 반복되는 행동을 탐지해 이를 반영한 맞춤형 추천을 제안한다.

특정 웹툰의 특정 에피소드에서 독자들의 체류 시간이 유독 길게 나타난다면, 이는 해당 에피소드가 독자들에게 특별히 흥미롭거나 감정적으로 중요한 내용을 담고 있음을 의미할 수 있다. AI는 이러한 데이터를 분석해 유사한 특징을 가진 콘텐츠를 더 많이 제작하거나 마케팅 캠페인에서 강조할 수 있는 인사이트를 제공한다. 이처럼 AI는 독자들의 반응을 정밀하게 분석해 어떤 요소가 독자들에게 효과적으로 작용했는지와 같은 유용한 정보를 작가와 플랫폼 운영자에게 제공할 수 있다. 또한 AI는 댓글과 리뷰를 분석해 독자들이 선호하는 캐릭터나 스토리라인, 반대로 불만을 느끼는 부분을 파악할 수 있도록 돕는다. 이를 통해 창작자와 플랫폼 운영자는 독자 피드백을 반영해 작품을 개선하고 더 나은 방향으로 전개할 수 있는 기회를 얻는다. 이러한 피드백은 창작자에게 실질적인 개선 방향을 제시함으로써 창작 과정에서 의사 결정을 더욱 효과적으로 지원한다.

데이터 분석을 통해 얻은 독자 선호도와 트렌드는 웹툰의 제작과 마케팅 전략에도 큰 영향을 미친다. AI는 특정 장르나 테마의 인기도를 파악해 작가들이 독자들이 원하는 방향으로 스토리를 발전시킬 수 있도록 도와준다. 이는 창작자가 독자와 상호작용을 통해 작품의 방향성을 더 정확히 설정할 수 있게 해 주며, 플랫폼은 이를 바탕으로 특정 작품을 더욱 적극적으로 홍보하고 독자들에게 맞춤형 경험을 제공할 수 있다.

결과적으로 AI는 단순히 창작 도구의 역할에 그치지 않고, 웹툰 소비 데이터 분석을 통해 독자 맞춤형 콘텐츠 제공, 창작자와의 긴밀한 피드백 루프 형성, 플랫폼의 효과적인 마케팅 전략 수립에 기여하는 등 다방면의 혁신을 이끌어 낼 잠재력을 가지고 있다. 이러한 변화는 웹툰 산업 전반에 긍정적인 영향을 미치며, 독자와 창작자, 플랫폼 모두에 새로운 기회를 제공함으로써 웹툰의 미래를 더욱 밝고 풍부하게 만들 것이다.

데이터 기반 의사 결정의 중요성

웹툰 산업에서 데이터 기반 의사 결정은 갈수록 중요한 역할을 하고 있으며, AI를 활용한 데이터 분석은 창작자와 플랫폼 운영자가 더욱 객관적이고 근거에 입각한 결정을 내리도록 돕고 있다. 이러한 데이터 중심 접근은 창작과 운영의 모든 과정을 크게 변화시키고 있으며, 특히 마케팅 전략과 신작 발굴, 독자와의 상호작용에서 그 효과가 두드러지게 나타나고 있다.

먼저 AI를 활용한 데이터 분석은 특정 웹툰이 어떤 국가나 연령대에서 더 큰 인기를 얻고 있는지 세밀하게 파악함으로써 마케팅 전략을 더욱 정교하게 조정할 수 있는 기회를 제공한다. 특정 국가에서 로맨스 장르의 웹툰이 높은 인기를 끌고 있다면, 그 지역의 독자들을 타깃으로 로맨스 웹툰의 마케팅 캠페인을 진행하거나 현지 맞춤형 이벤트를 기획하는 방식으로 대응할 수 있다. 이러한 데이터 기반 접근은 마케팅 예산을 효율적으로 사용하게 하고 적은 비용으로도 더 큰 효과를 얻을 수 있는 기반을 마련한다.

또한 AI는 잠재적으로 성공할 수 있는 작품을 미리 식별하는 데도 큰 역할을 할 수 있다. 웹툰 플랫폼 운영자는 AI를 통해 독자들의 클릭 수, 체류 시간, 좋아요 수, 댓글의 긍정적 반응 비율 등을 기반으로 작품의 인기도를 평가하고, 회귀 분석(regression analysis)과 랜덤 포레스트(random forest)와 같은 알고리즘을 적용해 성공 가능성이 높은 작품을 예측할 수 있다. 이러한 데이터 분석을 통해 과거에 어떤 유형의 스토리와 캐릭터가 독자들에게 긍정적인 반응을 얻었는지를 분석하고, 이를 바탕으로 미래에 인기를 끌 수 있는 요소들을 파악해 창작자들에게 제공할 수 있다. 이를 통해 신인 작가의 작품이나 새로운 시도를 더 효과적으로 지원하고, 성공 가능성이 높은 전략을 세울 수 있다.

AI 기반 데이터 분석은 창작자와 독자 간의 소통을 강화하는 데도 중요한 역할을 한다. AI는 실시간으로 댓글과 리뷰를 분석해 독자들이 어떤 점을 원하는지, 어떤 개선이 필요한지를 파악하고, 이를 창작자에게 제공함으로써 작품에 반영하도록 돕는다. 이러한 피드백의 실시간 반영은 독자들에게 콘텐츠의 일부분에 참여하고 있다는 느낌을 주며, 이는 플랫폼에 대한 애착과 충성도를 높이는 중요한 요소가 된다. 창작자 역시 독자들의 생생한 의견을 빠르게 반영함으로써 콘텐츠의 품질을 지속적으로 향상시키고, 독자와 관계를 더욱 돈독히 할 수 있다. 이러한 상호작용은 웹툰의 품질을 높이는 것은 물론 독자와 창작자 간의 강력한 유대감을 형성하게 한다.

이렇게 AI를 통한 데이터 분석은 웹툰 산업의 전반적인 혁신을 이끄는 중요한 원동력으로 자리 잡고 있다. 독자 맞춤형 콘텐츠 제공, 개인화된 추천 시스템의 구현, 선호도와 트렌드 파악, 그리고 데이터 기반 의사결정까지, AI는 웹툰 플랫폼의 경쟁력을 높이고 독자들에게 더욱 만족스러운 경험을 제공하는 데 필수적인 역할을 한다. 데이터 분석을 통해 얻은 인사이트를 바탕으로 한 창작과 운영은 웹툰 산업의 미래를 더욱 밝고 다채롭게 만들 것이다. 이러한 기술적 도입으로 웹툰 플랫폼이 독자와 창작자 모두에게 새로운 기회를 제공하며 진정으로 독자와 창작자를 연결하는 플랫폼으로 성장할 수 있는 기반을 마련하게 되기를 기대한다.

참고문헌

이선율(2024.9.22). 네·카오, 'AI 큐레이션'으로 웹툰 경쟁 치열. IT조선.
https://it.chosun.com/news/articleView.html?idxno=2023092123665

장세민(2024.4.30). 카카오엔터, AI 개인화 기반 IP 자동 편성 기술 '헬릭스 큐레이션' 론칭. AI타임스.
https://www.aitimes.com/news/articleView.html?idxno=159228

06
창작자 협업

웹툰 산업에서 AI와 창작자의 협업은 점점 더 중요한 주제가 되고 있다. 창작자들은 AI를 활용해 창작 과정의 효율성을 높이고, 반복적인 작업을 줄이며, 더 나은 창작물에 집중할 수 있게 되었다. AI와 창작자의 협업이 웹툰 창작에서 어떤 방식으로 이루어지고 창작자에게 기회를 제공하는지, 또한 어떤 한계를 가지고 있는지 다룬다.

AI와 야구?

웹툰 창작에서 AI의 역할

웹툰 창작 과정에서 AI의 역할은 점점 더 중요해지고 있으며, 이는 특히 변화하는 웹툰 산업의 구조 속에서 두드러지게 나타나고 있다. 기하급수적으로 증가한 웹툰 스튜디오들은 대규모 인력과 자본을 통해 방대한 분량과 높은 품질의 원고를 제작하며 개인 웹툰 작가들에게 커다란 과제를 안겨 주었다. 그러나 이러한 스튜디오들 역시 펜터치, 채색, 후보정 등 각 작업 단계에서 인력 비용 상승과 수익 분배의 문제로 인한 경제적 압박을 겪고 있는데, 이 상황에서 AI 도입은 웹툰 산업에 새로운 돌파구를 제공할 가능성이 있다.

AI는 웹툰 제작의 각 단계를 자동화하고 간소화하면서도 품질을 유지하거나 오히려 향상시킬 중요한 도구로 작용할 수 있다. 이는 스튜디오 입장에서 보면 작업 효율을 극대화하고 경제성을 높이는 선택이 될 수 있다. 하지만 AI의 도입은 필연적으로 일자리의 변화를 초래할 수 있으며, 특히 펜터치, 채색, 후보정과 같은 작업들이 AI로 이루어질 가능성이 크다. 이러한 변화는 웹툰 창작의 형태를 근본적으로 바꾸고 있으며, 업계 전반에서 새로운 균형을 찾아야 할 필요성을 제기하고 있다.

반면 AI는 개인 웹툰 작가들에게는 오히려 혁신적인

도구로 작용하며, 효율적인 창작 환경을 조성하는 데 기여할 수 있다. 웹툰 창작 과정은 일반적으로 여러 작업 단계로 이루어지며, 개인 작가들은 스토리라인 개발, 캐릭터 디자인, 배경 그리기 등 다양한 작업을 홀로 처리해야 하는 부담을 안고 있다. AI는 이러한 창작 과정에서 마치 어시스턴트를 고용한 것처럼 스케치, 레이아웃, 색상 채우기 등의 작업을 자동화하거나 가속화해 작가가 더 창의적이고 복잡한 부분에 집중할 수 있도록 돕는다. 이러한 지원은 스튜디오의 전유물로 여겨졌던 고품질의 스토리텔링과 시각적 요소들을 개인 작가들도 충분히 구현할 수 있도록 만들어, 웹툰 창작의 진입 장벽을 낮추고 경쟁력을 강화하는 역할을 한다.

AI는 스토리 생성에도 중요한 역할을 한다. 작가가 제공한 키워드를 바탕으로 AI가 다양한 스토리 아이디어를 자동으로 생성하고, 캐릭터 디자인에서는 기본 스케치를 입력하면 여러 의상과 색상, 표정 등을 제안해 작가의 선택을 도와준다. 이러한 기능은 창작자가 아이디어가 막힐 때 새로운 가능성을 탐색하고, 창의적인 작업에 더 많은 시간을 할애할 수 있도록 한다. 또한 AI는 캐릭터의 배경 이야기와 설정을 자동으로 생성해 작가가 캐릭터의 성격과 동기를 더욱 깊이 이해하고 발전시키는 데 도움을 준다. 이 외에 장면 전환이나 스토리 전개 방식을 제안해 전체 플롯의 흐름을 개선하는 데도 기여할 수 있다. 이는 특히 복잡한 스토리 구조를 이해하고 구성하는 데 어려움을 겪는 초보 작가들에게 큰 도움이 된다. 예를 들어 AI는 특정 캐릭터 간의 갈등을 심화하거나 예상치 못한 반전을 추가해 이야기의 흥미를 높이는 아이디어를 제공한다. 현재 국내에서는 웹툰에 최적화된 스크립트 배치와 연출 콘티 제안 시스템으로 '세이브더AI 웹툰' 프로젝트가 진행 중이며, 어도비와 차별화된 연구를 통해 개발된 '딥툰'이나 직관적인 UI를 제공하는 스토리워크와 같은 온라인 편집기들이 이러한 AI 기술을 웹툰 창작에 접목하려는 시도를 이어 가고 있다. AI는 또한 대사 생성에서 캐릭터의 성격과 상황에 맞는 자연스러운 대사를 자동으로 생성함으로써 작가가 캐릭터 간의 대화를 쉽게 작성할 수 있도록 지원한다. 이는 특히 대화가 많은 장면에서 유용하며, 캐릭터 간의 상호작용을 더욱 생동감 있게 만들어 준다. 예를 들어 주인공이 위기 상황에서 어떻게 반응할지에 대한 다양한 대사 옵션을 제공하고 작가가 가장 적합한 반응을 선택할 수 있도록 돕는다.

이와 같은 AI의 도입은 웹툰 창작 과정에서 창작자의

효율성을 크게 높일 뿐만 아니라 새로운 창의적 가능성을 열어 준다. 개인 웹툰 작가들은 AI의 도움을 받아 적은 비용과 시간으로 고품질의 콘텐츠를 제작할 수 있는 환경을 갖추게 되며, 이를 통해 대형 스튜디오와의 경쟁에서도 뒤처지지 않는 작품을 만들어 낼 기회를 얻는다. AI는 창작의 반복적인 작업을 줄이고 작가들이 본질적인 창의성 발현에 집중할 수 있도록 돕는 도구로서 그 중요성을 점점 더해 가고 있다. 결과적으로 AI는 웹툰 창작의 모든 단계에서 작가를 지원하며, 창작의 효율성과 작품의 완성도를 높이는 데 핵심적인 역할을 하고 있다. 이는 웹툰 제작의 미래가 개인 작가와 스튜디오 모두에게 새로운 기회를 제공하는 방향으로 나아가고 있음을 시사하며, AI와 창작자의 협업을 통해 웹툰 산업은 한층 더 발전하고 다양화될 것으로 기대된다.

AI 도구를 활용한 창작 지원 방안

AI 도구를 활용한 창작 지원은 웹툰 창작자들에게 AI의 잠재력을 최대한 활용하도록 돕는 체계적이고 실질적인 접근이 필요하다. 이러한 지원 방안은 단순히 AI 기술을 제공하는 것뿐만 아니라 창작자들이 AI의 기능을 효과적으로 학습하고 창작에 직접 적용할 수 있는 구체적인 가이드라인과 훈련 프로그램을 마련하는 것을 목표로 한다.

AI 툴 교육 및 워크숍 제공

웹툰 플랫폼 및 관련 교육 기관에서는 AI 도구 활용에 대한 체계적인 교육과 워크숍을 정기적으로 개최할 필요가 있다. 예를 들어, 달리(DALL-E)나 미드저니와 같은 이미지 생성 도구의 기본적인 사용법부터 고급 기능까지를 다루는 교육 프로그램을 통해, 작가들이 이러한 도구를 창작 과정에 어떻게 응용할 수 있을지를 구체적으로 배울 수 있도록 한다. 실습 중심의 교육을 통해 창작자들이 직접 AI 도구를 다뤄 보며 그 가능성을 체험하게 하고, 창작 과정에서 직면하는 실질적인 문제를 해결하는 방법을 익힐 수 있게 한다.

AI 도구의 창작 단계별 통합 지원

AI 도구들이 웹툰 제작 과정의 각 단계에 적합하게 통합될 수 있도록 시스템을 구축하는 것이 필요하다. 웹툰 플랫폼이나 스튜디오는 AI 도구들을 다양한 창작 단계에 맞추어 통합 제공하는 시스템을 마련할 수 있다. 예를 들면 스케치 단계에서는 AI를 이용한 일러스트 자동 보정 및 채색 기능을 활용하고, 스토리보드 작업에서는 자동 레이아웃 제안 및 컷 구성 도구를 제공하는 식이다. 이러한 통합 지원은 단계별로 AI 도구의 장점을 극대화하며, 창작자들이 창작 과정 전체에서 AI를 일관되게 활용할 수 있게 한다.

AI 도구 활용 매뉴얼 및 사례 공유

AI 도구의 효과적인 활용을 위해, 웹툰 작가들이 참고할 수 있는 매뉴얼과 성공 사례를 공유하는 것이 중요하다. AI 기반 작업의 성공적인 사례들을 수집하고, 이를 매뉴얼이나 가이드북 형태로 제작해 작가들이 AI를 창작 과정에 도입하는 데 참고할 수 있도록 한다. 예를 들어 특정 배경 생성에 미드저니를 활용해 시간을 절약한 사례나, 캐릭터 디자인에 달리를 사용해 빠르게 다양한 스타일을 실험한 사례 등을 정리해 제공함으로써 AI 도구 사용의 실질적 혜택을 명확하게 인식시킬 수 있다.

AI 도구 기반 협업 시스템 구축

AI 도구의 활용을 촉진하기 위해 웹툰 창작자 간의 협업을 장려하는 시스템을 마련하는 것도 좋은 방안이다. 예를 들어 작가들이 각자의 작품에 대한 의견을 나누고 AI

도구 활용법을 공유할 수 있는 온라인 커뮤니티를 구축해, 경험이 적은 작가들도 AI 도구를 효과적으로 활용하는 노하우를 배울 수 있게 한다. 또한 AI를 활용한 공동 작업 프로젝트를 기획해 작가들이 함께 AI 도구의 다양한 기능을 실험하고, 이를 통해 창작 역량을 키울 수 있는 기회를 제공한다.

AI 활용 창작 경진대회 개최

AI 도구의 창의적 활용을 장려하기 위해 AI를 활용한 웹툰 창작 경진대회를 개최할 수 있다. 이러한 대회는 창작자들에게 AI 도구를 실질적으로 적용해 볼 기회를 제공하고, 이를 통해 AI의 잠재력을 체험할 수 있게 한다. 경진대회에서는 AI 도구를 활용해 독창적인 배경이나 캐릭터를 디자인하거나, 스토리 전개에 창의적인 아이디어를 적용하는 부문을 마련해, 작가들이 AI 도구의 다양한 가능성을 탐색할 수 있도록 한다. 이러한 대회는 작가들에게 AI 도구 활용에 대한 동기 부여를 제공하고, AI와의 협업을 자연스럽게 학습할 수 있는 환경을 조성한다.

창작자 맞춤형 AI 지원 시스템 구축

각 창작자의 창작 스타일과 작업 방식에 맞춘 맞춤형 AI

지원 시스템을 구축하는 것도 좋은 방법이다. AI가 창작자의 스타일을 학습하고, 이를 바탕으로 맞춤형 지원을 제공할 수 있도록 시스템을 고도화한다. 특정 작가가 자주 사용하는 색상 팔레트나 선화 스타일을 학습한 AI가 그에 맞춰 추천을 제공하거나, 작가가 선호하는 스토리 구조를 바탕으로 스토리 아이디어를 제안하는 등의 맞춤형 지원을 통해 창작자들이 AI 도구를 자신의 스타일에 맞게 효율적으로 활용할 수 있도록 한다.

이와 같은 창작 지원 방안들은 AI 도구가 단순히 기술적 도움을 주는 것이 아니라 창작자들에게 창작 과정의 파트너로 기능하도록 돕는 데 목적을 둔다. 이러한 지원을 통해 웹툰 작가들은 AI의 도움을 받아 창작의 자유로움을 유지하면서도 작업의 효율성을 높이고, 더 나아가 창작 과정에서 창의성을 최대한 발휘할 수 있는 환경을 갖추게 된다. 결과적으로 AI는 웹툰 창작자들의 비전을 실현하는 중요한 도구로 자리 잡을 것이며, 이러한 지원 방안들이 마련된다면 AI 도구의 활용은 웹툰 창작의 전 과정을 혁신적으로 변화시키는 데 크게 기여할 것이다.

창작자의 창의성을 유지하면서 AI의 도움 받기

AI는 웹툰 창작 과정에서 강력한 보조 도구로 기능하지만, 그 과정에서 창작자의 고유한 창의성을 유지하는 것은 필수적이다. AI는 방대한 학습 데이터를 기반으로 콘텐츠를 생성하기 때문에 때때로 예측 가능하고 독창성이 부족한 결과물을 만들어 낼 수 있다. 따라서 AI가 제안하는 결과물을 단순히 수용하는 것이 아니라 이를 비판적으로 검토하고 창작자가 자신의 창의적인 시각을 덧붙이는 과정이 필요하다. 이 과정이야말로 AI와 인간의 협업에서 가장 중요한 부분이며, 창작자가 작품의 독창성과 차별성을 유지하는 데 필수적인 요소다.

장점

1. 작업 효율성과 생산성 향상

AI는 반복적이고 시간 소모적인 작업을 자동화해 창작자가 더욱 창의적인 작업에 집중할 수 있도록 돕는다. 배경 그리기, 색상 채우기, 스토리 보드 작성 등 웹툰 제작에서 필수적인 단계들을 AI가 효율적으로 처리함으로써 창작자는 핵심적인 스토리텔링과 캐릭터 개발에 더 많은 시간을 투자할 수 있다. 예를 들어 복잡한 도시 배경이나 환상적인 풍경은 AI의 도움으로 간단하게 완성할 수 있어, 작가는 이야기의 주제나 감정적 요소에 집중할 수 있다.

2. 창작자에게 새로운 영감 제공

AI는 방대한 데이터를 바탕으로 한 다양한 아이디어를 제공함으로써 창작자에게 새로운 영감을 준다. 이는 창작자가 평소 생각하지 못했던 새로운 방향으로 이야기를 전개하거나, 독특한 캐릭터 관계를 설정하는 데 도움을 줄 수 있다. 예를 들어 AI가 제안하는 스토리 전개는 기존 틀을 벗어난 시도를 가능하게 하며, 이를 바탕으로 창작자가 더욱 독창적이고 흥미로운 스토리를 만들어 낼 수 있다. 이러한 면에서 AI는 창작 시간을 절약할 뿐만 아니라 창의성을 자극하는 역할을 할 수 있다.

3. 작가의 작업 부담 경감

웹툰 창작은 많은 단계를 거치는 고된 작업이지만, AI 도구를 활용하면 많은 작업들이 간소화되어 작가의 부담을 줄일 수 있다. AI는 스케치, 채색, 배경 작업 등을 효율적으로 처리해 주어 작가가 정신적・육체적 피로감을 줄이고, 더 창의적이고 복잡한 작업에 집중할 수 있는 환경을 만들어 준다. 이는 특히 소규모 작업 팀이나 독립 작가들에게 큰 장점이 된다.

단점

1. 독창성 부족

AI는 학습한 데이터를 기반으로 콘텐츠를 생성하기 때문에, 종종 결과물이 예측 가능하고 독창성이 부족할 수 있다. AI가 제안하는 아이디어는 데이터를 기반으로 한 유사성을 지니기 때문에, 창작자가 이를 그대로 사용한다면 작품의 고유성이 약해질 위험이 있다. 따라서 창작자는 AI가 제공하는 결과물을 비판적으로 검토하고 자신의 독창적인 해석과 감각을 덧붙여야 한다. 그렇지 않으면 작품은 상투적이거나 기존 작품과 비슷한 스타일의 결과물이 될 가능성이 크다.

2. 창작자의 창의적 개입 필요

AI가 자동으로 생성한 콘텐츠를 그대로 사용하는 것은 창작자의 창의성을 약화시킬 수 있으며, 장기적으로는 창작자의 역량 개발에 부정적인 영향을 미칠 수 있다. AI는 다양한 옵션을 제공하지만, 최종적으로 어떤 방향으로 나아갈지, 어떻게 수정하고 발전시킬지는 창작자가 결정해야 한다. 이러한 과정에서 창작자의 창의적 개입이 필수적이지만, 이를 게을리할 경우 작품의 질이 저하될 수 있으며, 창작자는 AI에 지나치게 의존하게 될 위험이 있다.

3. 감정적 깊이와 인간적 요소의 약화

AI는 감정이나 인간적 경험을 직접적으로 이해하지 못하기 때문에, 감정적 깊이나 예술적 가치를 표현하는 데 한계가 있다. 캐릭터 간의 복잡한 감정 변화나 인간 경험에 대한 세밀한 표현은 AI가 쉽게 구현하기 어렵다. 이러한 요소들은 오직 인간 창작자의 경험과 감각에서 비롯되며, AI가 제공하는 도구적 효율성만으로는 충족하지 못할 수 있다. AI가 제안한 대사나 장면 설정을 그대로 사용하는 경우 독자와의 정서적 유대감을 형성하기가 어려워질 수 있다.

분명 AI는 웹툰 창작의 강력한 지원 도구로서 작가의 효율성을 높이고 새로운 가능성을 열어 주는 중요한 역할을 할 수 있다. AI는 반복적이고 시간 소모적인 작업을 자동화해 창작자가 창의적인 작업에 집중할 수 있도록 하며, 새로운 영감을 제공함으로써 창작의 폭을 넓히는 데 기여할 것이다. 그러나 이러한 AI의 역할을 효과적으로 활용하기 위해서는 창작자가 AI의 결과물을 비판적으로 수용하고 자신만의 고유한 스타일과 감정을 더하는 과정이 필요하다. AI가 제공하는 기술적 지원을 바탕으로 창작자는 자신의 경험과 감정을 작품에 녹여 내어, 더 인간적이고 감동적인 이야기를 만들어야 한다. AI와 인간 창작자의 협업은 효율성과 창의성 간의 균형을 유지하는 데 그 핵심이 있다. 창작자는 AI의 제안을 출발점으로 삼아 자신의 독창성을 더하고, 작품에 감정적 깊이를 부여함으로써 독자들에게 강한 인상을 남길 수 있는 콘텐츠를 창조해야 한다. 이러한 협업이 이루어질 때, AI와 인간 창작자는 서로의 강점을 보완해 더욱 풍부하고 매력적인 웹툰을 만들어 낼 수 있을 것이다. AI는 창작의 도구로서 강력한 가능성을 지니고 있지만, 그 진정한 가치는 인간 창작자가 그 도구를 어떻게 활용하는가에 달려 있다.

참고문헌

윤태현(2022.3.1). 웹툰 제작에 AI 접목한 '딥툰' 개발 추진… 업계 관심. 연합뉴스. https://www.yna.co.kr/view/AKR20220228110900065

이상휘(2024). 생성형 AI 활용을 통한 애니메이션 창작 교육 방법론. 동명대학교 대학원 박사학위논문.

정지윤(2022). 인공지능을 활용한 AI 예술 창작도구 사례 연구. ≪트랜스-≫, 13, pp.117-140.

07
저작권 문제

AI가 웹툰 창작 과정에 사용되면서, 인간 창작자의 권리를 보호하는 것이 중요한 과제가 되고 있다. AI가 창작 과정의 보조 도구로 자리 잡아 스토리, 그림, 배경 등 여러 창작물을 생성하고 있지만, 이로 인해 인간 창작자의 창의적 기여가 묻히거나 저작권 귀속이 불분명해지는 문제가 발생하고 있다. 이러한 문제를 해결하기 위해서는 인간 창작자의 기여를 명확히 구분하고 보호할 수 있는 법적, 기술적 대응 방안을 마련하는 것이 필수다.

AI와 윤동주?

AI가 생성한 콘텐츠의 저작권 문제

AI가 생성한 콘텐츠의 저작권 문제는 웹툰 산업뿐만 아니라 전체 창작 분야에 걸쳐 중요한 법적 쟁점으로 떠오르고 있다. 전통적인 저작권 체계는 창작자의 고유한 창의적 기여를 전제로 하고 있다. 그러나 AI는 인간의 창의적 활동이 아니라 학습된 데이터를 기반으로 결과물을 생성하기 때문에, 이와 관련한 저작권 귀속 문제는 모호하며 기존 저작권 체계와의 충돌을 야기하고 있다. 이러한 맥락에서 AI 기술의 발전과 함께 스토리, 그림, 음악 등 다양한 창작물이 AI에 의해 생성됨에 따라, 이들 콘텐츠의 저작권이 누구에게 귀속되는지가 중요한 법적 과제로 부각되고 있다.

AI가 특정 예술가의 스타일을 학습하고 이를 바탕으로 새로운 콘텐츠를 생성할 때 저작권 문제가 더욱 복잡해진다. 원작자의 스타일을 모방한 결과물에 대해 저작권을 어떻게 인정할 것인가 하는 문제는 여전히 논의 중이며, 법적 기준이 명확하지 않기 때문이다. AI가 유명한 작가의 화풍을 모방해 만든 그림이 원작자의 권리를 침해하는지에 대한 법적 논란은 여전히 진행 중이다. 이와 같은 상황에서 AI와 인간 창작자 간의 협업으로 생성된 콘텐츠의 저작권 귀속 문제는 웹툰 산업뿐 아니라 예

Type of Work: Visual Material
Registration Number / Date: VAu001480196 / 2022-09-15
Application Title: Zarya Of The Dawn.
Title: Zarya Of The Dawn.
Description: Electronic file (eService)
Copyright Claimant: Kristina Kashtanova, 1985- .
Date of Creation: 2022
Authorship on Application: Kristina Kashtanova, 1985- ; Domicile: United States. Authorship: Comic book.

그림 7-1. 미국 저작권청에 〈여명의 자리야〉가 등록되었던 내역

술 전반에 혼란을 일으키고 있다.

미국의 저작권청(USCO)에서 다룬 크리스 카시타노바(Kris Kashtanova)의 만화책 〈여명의 자리야(Zarya of the Dawn)〉(2022)의 사례는 이러한 논란을 잘 보여 준다. 2023년 2월, 미국 저작권청은 이 만화책의 저작권 등록 여부에 대한 재검토를 진행했으며, "저작권이 인정되는 부분은 사람의 창의성이 발휘된 부분에 한정된다. AI가 생성한 부분은 포함되지 않는다. 포토샵을 사용해 이미지를 편집한 시각 예술가는 편집한 이미지에만 저작권을 가질 뿐 원작 이미지에는 영향력을 행사하지 못하는 것과 동일하다"는 이유로, 이미지를 선택하고 배치하는 작업과 스토리 자체는 작가의 창작물로 인정하되 AI가 생성한 이미지 자체는 저작권 보호 대상이 아니라는 결정을 내렸다. 이 결정은 AI를 창작 도구로 사용하는 과정에서 인간의 창의적 기여가 포함되었음을 증명해야만 저작권 보호를 받을 수 있다는 점을 시사하며, AI로 생성

된 이미지에 대한 저작권 보호가 제한적이라는 점을 분명히 했다.

미드저니의 법무 자문위원인 맥스 실즈는 "아티스트가 미드저니와 같은 AI 이미지 생성 도구를 창의적으로 제어할 경우, 그 결과물은 저작권 보호를 받을 수 있다"고 평가했다. 반면 카시타노바는 AI가 생성한 이미지 역시 직접적인 창의성의 결과라고 주장하며, "AI가 자동으로 결과물을 생성한 것이 아니라 예술가가 창의적으로 지시하고 보조한 결과물"이라는 점을 강조했다. 이 사례는 AI와 인간 창작자의 협업 과정에서 저작권 문제의 새로운 방향성을 제시하고 있으며, 창작 과정에서 AI가 차지하는 위치에 대한 중요한 논의의 초석이 되고 있다.

국내에서도 유사한 논란이 있었다. 박은혁 작가의 웹툰 〈랜덤채팅의 그녀〉(258화)는 AI를 사용한 작화로 인해 논란에 휩싸였으며, 이후 기존 작화 스타일로 원고를 교체한 사례가 있다. 당시 AI를 창작 도구로 사용하는 것에 대한 부정적인 인식이 널리 퍼져 있었고, 많은 창작자들이 창작 과정에 AI를 사용하는 것에 비판적인 태도를 보였다. 그러나 이후 AI 기술의 발전과 함께 창작자들은 AI를 창의적 도구로 받아들이고 이를 자신의 창작에 유리하게 활용하려는 경향이 증가하고 있다. 이러한 변화는 최고의 이야기를 창작하기 위해 어떤 도구라도 적극적으로 수용하고자 하는 창작자들의 인식 변화와 관련이 있다.

AI와 인간 창작자 간의 협업에서 발생하는 저작권 문제를 해결하기 위해서는 새로운 법적 프레임워크가 필요하다. 예를 들어 AI가 생성한 초안을 인간 창작자가 수정하고 발전시킨 경우 최종 저작물에 대한 저작권이 누구에게 귀속될 것인지에 대한 명확한 기준을 마련해야 한다. 현재 많은 국가에서 AI가 단독으로 생성한 콘텐츠에 대한 저작권은 인정되지 않는다. 이는 저작권이 기본적으로 인간의 창의적 기여를 전제로 하기 때문이다. 미국 저작권청과 유럽연합 모두 AI가 생성한 콘텐츠에 대해 저작권을 부여하지 않는다는 입장을 고수하고 있으며, 이는 인간 창작자의 창의적 기여가 저작권 인정의 필수 조건임을 반영한다. 반면 일부 국가에서는 AI와 인간 창작자가 공동으로 기여한 작품에 대한 저작권을 어떻게 부여할 것인지에 대한 논의가 활발히 진행 중이다. 예를 들어 AI가 생성한 스케치에 인간 창작자가 채색과 디테일을 추가한 경우, 이러한 공동 창작물에 대한 저작권 귀속 문제는 여전히 법적 불확실성 속에 있다. 이러한 법적 불확실성은 창작자들 사이에서 혼란을 야기하며, 명확한 법적 기준 마련의 필요성을 더욱 부각시키고 있다.

또한 AI가 특정 예술가의 스타일을 학습해 결과물을 생성할 때 그 스타일에 대한 저작권 보호 문제가 지속적으로 논의되고 있다. 미국 작가 조합(WGA)은 "AI는 창작 도구로서의 역할은 인정되지만, 저작권을 가질 수 없으며 작가로서 인정받을 수 없다"고 명시했으며, "AI가 생성한 결과물을 각색할 경우 각색 작가는 각색 크레딧을 받을 수 있다"고 규정했다. 이는 AI의 창작물에 대한 법적 지위를 명확히 하려는 시도의 일환이며, 다양한 해석과 적용 사례가 나타나고 있다.

결론적으로 AI가 웹툰 창작 과정에서 중요한 역할을 하게 되면서 저작권 문제는 점차 복잡해지고 있다. AI가 생성한 콘텐츠에 대한 저작권 귀속 문제는 기존 저작권 체계로는 해결하기 어려운 새로운 쟁점을 제기하고 있으며, 이로 인해 법적 혼란이 발생하고 있다. 따라서 AI와 인간 창작자 간의 기여도를 평가하고, 각자의 창의적 기여를 명확히 구분할 수 있는 새로운 법적 프레임워크가 필요하다. 이를 통해 AI와 인간 창작자가 협력해 창작한 작품이 정당한 보호를 받고 창작자들의 권리가 보호될 수 있는 명확한 기준이 마련되어야 한다. 이러한 법적 정립이 이루어질 때 AI는 창작 도구로서 잠재력을 최대한 발휘하면서도 인간 창작자의 고유한 창의성을 존중하는 방향으로 발전할 수 있을 것이다.

법적 쟁점과 해결 방안

AI가 생성한 콘텐츠의 저작권 문제를 해결하기 위해서는 몇 가지 법적 쟁점에 대한 논의가 필요하다. 예를 들어 AI가 생성한 콘텐츠에 대한 저작권을 인정할 것인지, 만약 인정한다면 그 권리를 누구에게 부여할 것인지가 주요 쟁점이다. 또한 AI의 기여와 인간 창작자의 기여를 어떻게 구분할 것인지, AI가 다른 작품을 학습한 결과물에 대해 저작권 침해 문제가 발생할 수 있는지 등 다양한 법적 쟁점이 존재한다. 먼저, AI가 생성한 콘텐츠에 대해 저작권을 인정할 것인지, 인정한다면 누구에게 귀속시킬 것인지에 대한 명확한 기준이 필요하다. 일부 전문가들은 AI를 도구로 활용한 인간 창작자가 최종 저작권을 소유해야 한다고 주장한다. 이는 AI가 생성한 결과물에 인간 창작자의 창의적 기여가 포함되어 있을 경우, 그 기여를 인정해 줘야 한다는 논리다.

또한 AI 개발자나 AI 시스템을 소유한 기업에게 저작권을 부여할 수 있을지에 대한 논의도 이루어지고 있다. AI를 개발하고 유지하는 데는 많은 자원과 노력이 필요하기 때문에, 이를 통해 생성된 콘텐츠에 대한 권리를 기업에게 부여하는 것이 타당하다는 의견도 있다. 그러나 이는 창작자의 권리를 보호하고 창의적 활동을 장려하기 위한 저작권의 본래 목적과 상충할 수 있어 신중한 접근이 필요하다. AI를 통해 생성한 콘텐츠에 대한 저작권을 AI 개발 기업이 소유하게 되면 창작자의 독립성과 창의적 권리가 침해될 가능성이 있어 이러한 문제에 대한 신중한 검토가 필요하다.

이와 같은 법적 쟁점을 해결하기 위해서는 새로운 법적 프레임워크가 필요하다. AI와 인간 창작자 간의 협업으로 생성된 콘텐츠의 경우, 인간 창작자의 기여도를 평가해 저작권을 부여하는 방식이 고려될 수 있다. 예를 들어 AI가 생성한 콘텐츠를 인간 창작자가 추가적으로 수정하고 창의적인 요소를 더한 경우, 최종 저작물에 대한 저작권은 인간 창작자에게 귀속될 수 있도록 명확한 기준이 마련되어야 한다. 또한 AI가 생성한 콘텐츠에 대해 저작권 대신 제한된 보호를 제공하는 새로운 형태의 권리, 예를 들어 'AI 창작물 보호권'과 같은 제도를 도입하는 것도 하나의 방안이 될 수 있다. 이 보호권은 기존 저작권과는 달리, AI가 생성한 콘텐츠에 대해 일정 기간 동안 독점적 사용 권리를 부여하지만 인간 창작자의 창의적 기여와는 구분되는 형태로 관리될 수 있다.

이 외에 AI와 인간 창작자 간의 협업에서 발생하는 저작물에 대해 기여도를 정량적으로 평가하는 시스템이 필요하다. 예를 들어 AI가 생성한 초안을 인간 창작자가 얼마나 수정하고 발전시켰는지를 평가해 저작권의 귀속을 결정하는 방식이 고려될 수 있다. 이러한 시스템은 창작 과정에서 AI와 인간의 역할을 명확히 구분하고 각각의 기여도를 투명하게 기록함으로써 저작권 분쟁을 줄이는 데 기여할 수 있다. 또한 이러한 평가 시스템은 창작자들이 AI를 활용하더라도 자신의 창의성을 인정받을 수 있는 근거를 제공해 창작 활동을 더욱 장려할 수 있을 것이다.

창작자의 권리 보호 방안

AI가 창작 과정에서 강력한 도구로 사용되면서, 창작자의 고유한 창의성을 보호하고 그 기여를 인정하는 체계가 필요해졌다. 이를 위해 창작자가 AI 도구를 사용해 생성한 콘텐츠에 대한 기여를 명확히 기록하고, AI가 자동으로 생성한 부분과 인간 창작자가 수정하거나 추가한 부분을 구분할 수 있는 시스템이 요구된다. 이를 위해 다음과 같은 구체적인 방안을 고려할 수 있다.

로그 기록 시스템 도입

창작자가 AI 도구를 사용해 생성한 콘텐츠의 창작 과정을 명확히 기록하고, AI의 역할과 인간 창작자의 기여도를 구분하는 로그 기록 기능을 도입해야 한다. 이 시스템은 AI가 자동으로 생성한 부분과 인간 창작자가 창의적으로 수정하거나 보완한 부분을 명확히 구분할 수 있어, 최종 창작물에서 인간의 기여가 제대로 반영될 수 있도록 한다. 또한 AI 사용 단계마다 인간 창작자의 기여를 기록하는 절차를 마련해 저작권 분쟁 시 이를 증거로 사용할 수 있도록 한다.

법적 보호 장치와 계약서 작성

창작자의 권리를 보호하기 위해, AI 도구 사용 시 발생할 수 있는 저작권 문제를 사전에 방지하기 위해 계약서를 작성하는 것도 중요한 방안이다. 이 계약서에 AI와 창작자 간의 기여도를 명확히 정의하고, 창작자가 AI를 어떻게 활용하며 최종 저작물에 대해 어떤 권리를 가지는지를 규정함으로써 법적 분쟁을 예방할 수 있다. 이와 함께 창작자가 자신의 창의적 기여를 명확히 설명하고 기록하는 것은 저작권 보호의 중요한 근거가 될 것이다.

블록체인 기술을 활용한 저작권 보호

창작 과정에서의 모든 기여를 투명하게 기록하고 각 기여자의 권리를 보호하기 위해 블록체인 기술을 도입하는 것도 효과적인 방안이다. 블록체인은 AI와 인간 창작자의 기여도를 변경 불가능한 형태로 저장할 수 있어, 이를 통해 창작자는 자신의 기여를 보호받고, AI의 기여는 투명하게 이루어지는 환경을 구축할 수 있다. 블록체인에는 창작의 각 단계가 시간 순으로 기록되어 누가 어떤 기여를 했는지를 명확히 구분할 수 있어, 저작권 분쟁을 줄이는 데 큰 역할을 할 수 있다.

창작자 교육 프로그램 제공

AI와의 협업 과정에서 창작자의 창의적 기여를 극대화할 수 있도록 교육 프로그램을 제공하는 것도 중요하다. 창작자가 AI의 자동화된 생성물을 단순히 사용하는 것이 아니라 이를 바탕으로 더 창의적이고 독창적인 결과물을 만들어 낼 수 있도록 유도해야 한다. 이러한 교육은 창작자들이 AI를 도구로 사용하는 방법뿐만 아니라 창의적인 아이디어를 AI와 결합해 최상의 결과를 얻는 방법을 배우도록 하는 것을 목표로 한다.

배포 및 사용 가이드라인 설정

AI와 인간이 공동으로 창작한 작품에 대한 배포와 사용에 대한 명확한 가이드라인을 마련하는 것도 필요하다. 이러한 가이드라인은 창작자가 자신의 창작물에 대해 통제할 수 있는 권리를 가지도록 하며, AI와의 협업 과정에서 생성된 작품이 어떻게 사용될지에 대한 명확한 기준을 제공한다. 이는 창작자가 자신의 권리를 보호하면서도 AI 도구를 자유롭게 활용할 수 있는 환경을 조성하는 데 중요한 역할을 한다.

AI와 저작권 관리의 미래 전망

AI가 웹툰 창작 과정에서 점점 더 중요한 역할을 하게 되면서, 저작권 관리 방식도 변화해야 할 필요성이 제기되고 있다. 기존 저작권 체계는 인간 창작자의 창의적 활동을 보호하는 데 초점을 맞추었지만, AI가 창작 과정에 깊이 관여하면서 새로운 형태의 저작권 관리가 요구되고 있다. AI와 인간 창작자 간의 협업으로 생성된 콘텐츠에 대한 권리 귀속을 명확히 하기 위해 앞으로는 다음과 같은 법적 기준과 기술적 대응이 필요하다.

법적 기준 마련

앞으로는 AI의 기여도를 평가하고, 인간 창작자의 창의적 기여와 AI의 자동 생성 요소를 구분하는 명확한 법적 기준이 마련될 것으로 예상된다. 이러한 기준은 창작자가 AI와 협업해 창작한 콘텐츠에서 어떤 부분이 인간 창작자의 창의적 기여인지를 명확히 규정하고, 그에 따라 저작권을 인정받을 수 있도록 해야 한다. 이는 특히 AI가 생성한 초안을 인간 창작자가 수정하고 발전시킨 경우, 최종 창작물에 대한 저작권 귀속 문제를 해결하는 데 필수적이다.

블록체인 기반 저작권 관리

블록체인 기술은 AI와 인간 창작자의 기여를 명확히 구분하고, 각 기여자의 권리를 보호하는 데 유용하게 사용될 수 있다. 창작 과정의 모든 단계를 블록체인에 투명하게 기록하고, 각 기여자의 역할을 변경 불가능한 형태로 저장함으로써 창작자의 권리를 보호하고 AI 도구의 사용이 투명하게 이루어질 수 있도록 한다. 이를 통해 창작물의 무단 사용이나 불법 복제를 방지하는 데도 기여할 수 있다.

기여도 평가 시스템 개발

AI와 인간 창작자 간의 기여도를 평가하는 자동화된 시스템이 개발될 수 있다. 이러한 시스템은 창작 과정에서 각 기여를 정량적으로 분석해 저작권 귀속을 명확히 하는 데 도움을 줄 수 있으며, 특히 공동 창작물에서 발생할 수 있는 저작권 분쟁을 줄이는 데 중요한 역할을 할 것이다. 이를 통해 각 기여자가 자신의 창의적 기여를 인정받고 보호받을 수 있는 근거를 제공한다.

결론적으로, AI는 웹툰 창작 과정에서 강력한 보조 도구로 사용되고 있지만, 이로 인해 인간 창작자의 권리가 소홀히 취급되어서는 안 된다. 창작 과정에서 AI가 생성한 콘텐츠에 대한 저작권 문제를 해결하기 위해서는 법적 보호 장치와 기술적 대응 방안을 함께 도입해야 하며, 창작자의 창의적 기여가 명확히 보호받을 수 있는 시스템을 구축해야 한다. 이러한 대응은 창작자의 권리를 보호하면서도 AI의 창작적 가능성을 최대한 활용할 수 있는 균형을 유지하기 위한 것이며, 이를 통해 더욱 창의적이고 건강한 콘텐츠가 지속적으로 창출될 수 있다. AI와 인간 창작자가 서로의 강점을 보완하며 협업하는 환경을 구축함으로써 웹툰 창작과 창작 산업 전반에 긍정적인 영향을 미칠 수 있을 것이다.

참고문헌

이상미(2016). 인공지능(AI) 창작물의 저작권자는 누구인가?. ≪과학기술법연구≫, 22(3), pp.241-294.

조연하(2020). 인공지능 창작물의 저작권 쟁점 - 저작물성과 저작자 판단을 중심으로. ≪언론과법≫, 19(3), pp. 71-113.

최은수(2023.6.2). "손으로 그린 웹툰만 볼래요"… 네이버-카카오웹툰, AI 반감에 당혹. 뉴시스. https://www.newsis.com/view/NISX20230601_0002325153

한보라(2024). AI와 웹툰 창작자의 미래 상생방향. ≪한국컴퓨터정보학회 논문지≫, 29(2), pp.87-99.

08
웹툰 교육

웹툰 산업이 발전함에 따라 창작자들이 AI 기술을 효과적으로 활용할 수 있도록 웹툰 교육에도 변화가 필요하다. AI는 창작 과정의 많은 부분을 혁신적으로 변화시키고 있어, 이를 반영한 새로운 교육 프로그램이 요구된다.

AI와 한의학?

AI를 활용한 웹툰 창작 교육의 필요성

AI 기술의 발전은 웹툰 창작 과정에 새로운 가능성을 열어 주었으며, 이러한 변화를 반영해 웹툰 교육에도 AI를 활용한 창작 교육 프로그램이 필요해지고 있다. 전통적인 웹툰 창작 교육은 주로 스토리 구성, 그림 기법, 캐릭터 디자인 등 창의성과 기술적 역량을 중심으로 이루어졌다. 그러나 AI 기술의 도입으로 창작 과정의 많은 부분이 자동화되면서 새로운 교육 방식이 요구되고 있다. AI를 활용한 교육은 단순히 창작 도구의 사용법을 가르치는 것이 아니라 학생들이 AI와 창의적으로 협업하는 방법을 배우는 것을 목표로 한다.

AI는 창작의 효율성을 높이고 창의적인 시도를 도울 수 있는 강력한 도구로, 이를 효과적으로 활용하는 능력을 기르는 것은 현대 웹툰 작가들에게 중요한 역량이 되었다. AI는 반복적이고 시간이 많이 소요되는 작업을 자동화함으로써 창작자가 더 창의적인 작업에 집중할 수 있도록 돕는다. 예를 들어 배경의 자동 생성이나 캐릭터의 다양한 표정 생성은 AI가 매우 잘 수행할 수 있는 작업으로, 이러한 작업을 AI에 맡기면 창작자는 이야기 구성이나 캐릭터의 성격 발전에 더 집중할 수 있다. 따라서 AI 도구를 활용한 창작 교육은 미래의 웹툰 작가들이 변화하는 환경에 적응하고 창의적인 작업을 이어 나갈 수 있도록 돕는 중요한 교육적 접근이 된다. 그러나 이러한 협업을 성공적으로 이루기 위해서는 작가로서 기본적인 소양과 전공 관련 지식을 탄탄히 갖추어야 한다. 전공 기초를 충분히 교육받은 학생일수록 AI와의 협업 과정에서 무리 없이 창의적인 결과물을 도출할 수 있으며, 이를 통해 더욱 의미 있는 창작 활동을 이어 갈 수 있다.

AI를 활용한 창작 교육은 학생들에게 새로운 창작의 가능성을 제시한다. 전통적인 방식으로는 상상하기 어려운 다양한 아이디어와 시각적 스타일을 AI를 통해 탐색할 수 있으며, 이를 바탕으로 학생들은 자신의 스타일을 발전시킬 수 있다. 또한 AI는 빠른 피드백을 제공해 학생들이 반복적인 학습을 통해 더 나은 결과물을 만들어 내고 자신만의 창작 방식을 찾을 수 있도록 도와준다. 이러한 과정에서 학생들은 창작 과정을 더욱 깊이 이해하고 창의적 문제 해결 능력을 기르게 된다.

결국 AI 도구를 활용한 웹툰 창작 교육은 기술적인 역량을 키울 뿐만 아니라 창작자들이 변화하는 환경 속에서 새로운 기회를 포착하고 창의적 작업을 지속할 수 있도록 돕는 중요한 역할을 한다. 미래의 웹툰 작가들은 AI와의 협업을 통해 더욱 풍부하고 다채로운 창작물을 만들어 낼 수 있을 것이며, 이러한 교육적 접근은 그들이 창작자로서 성장하는 데 필수적인 요소가 될 것이다.

AI 도구를 활용한 교육 프로그램

AI를 활용한 웹툰 창작 교육 프로그램은 다양한 AI 도구를 사용해 학생들이 창작 과정을 체험하고, AI와의 협업을 통해 창의적 결과물을 도출할 수 있도록 구성된다. 예를 들면 스토리 생성 AI를 활용해 학생들이 스토리 아이디어를 발상하고 발전시키는 과정을 체험하게 할 수 있다. 학생들은 간단한 키워드를 입력해 AI가 제안하는 다양한 스토리 전개를 검토하고, 그중 흥미로운 요소를 선택해 자신만의 이야기를 만들어 나가는 과정을 배우게 된다. 이 과정은 학생들이 단순히 AI의 도움을 받기만 하는 것이 아니라 AI가 제공한 아이디어를 바탕으로 자신의 창의력을 발휘해 스토리를 확장하고 발전시키는 경험을 제공한다.

또한 이미지 생성 AI를 활용한 교육 프로그램에서는 학생들이 기본적인 캐릭터 스케치를 AI에 입력하고, AI가 이를 완성된 일러스트로 변환하는 과정을 체험하게 된다. 이를 통해 학생들은 AI가 제공하는 다양한 시각적 스타일을 이해하고, 이를 기반으로 자신만의 디자인을 발전시킬 수 있는 방법을 배울 수 있다. 학생들은 AI의 제안을 참고하면서도 자신의 고유한 창의적 시각을 반영해 최종 결과물을 완성해 나가며, 이를 통해 AI와 인간의 협업이 어떻게 이루어지는지를 직접 체험한다. 이러한 교육 과정은 창작 과정에서 AI의 역할을 이해하고, AI의 도움을 받아 창의적인 결과물을 도출하는 능력을 기르는 데 중점을 둔다. 이 외에도 음성 인식 및 자연어 처리 기술을 활용해 캐릭터의 대사를 생성하거나 상황에 맞는 대화를 자동으로 작성하는 훈련도 가능하다. 이러한 프로그램은 학생들이 AI와의 협업을 통해 창작 과정을 더욱 효율적이고 창의적으로 이끌어 갈 수 있도록 도와준다. 예를 들어 AI가 캐릭터의 성격과 상황을 분석해 적절한 대사를 생성하면 학생들은 이를 바탕으로 대화를 수정하거나 새로운 요소를 추가해 더욱 깊이 있는 캐릭터 상호작용을 창출할 수 있다. 이러한 방식은 학생들이 AI를 활용해 창작의 기초를 빠르게 구축하고, 그 위에 자신의 창의적 아이디어를 덧붙이는 과정을 반복 학습하도록 돕는다.

또한 AI 도구를 활용한 교육은 학생들에게 다양한 창작 스타일과 접근 방식을 탐구할 수 있는 기회를 제공한다. 한 가지 주제를 가지고 여러 가지 스타일의 그림을

AI를 통해 생성해 보고, 이를 비교 분석하는 과정을 통해 학생들은 특정 스타일의 장단점을 파악하고 자신만의 스타일을 찾는 데 도움을 받을 수 있다. 이러한 경험은 학생들이 창작의 폭을 넓히고 다양한 시도를 통해 창의적 문제 해결 능력을 기르는 데 중요한 역할을 한다.

결과적으로, AI를 활용한 교육 프로그램은 학생들이 AI와의 협업을 통해 창작의 전 과정을 더 깊이 이해하고 효율적으로 작업을 수행하는 방법을 배우도록 돕는다. 학생들은 AI의 강점을 활용해 창작의 반복적이고 기계적인 부분을 간소화하면서도 창의적이고 예술적인 부분에서는 자신의 아이디어와 감각을 최대한 발휘할 수 있다. 이러한 균형 잡힌 접근은 학생들이 미래의 창작 환경에서 AI를 도구로 활용해 더욱 혁신적이고 독창적인 결과물을 만들어 낼 수 있는 능력을 갖추게 한다.

교과목 제안

AI와 협업하는 웹툰 스토리텔링

스토리 생성 AI를 사용해 웹툰 스토리의 구상과 발전을 다루는 과목이다. 학생들은 AI가 제공하는 다양한 스토리 전개를 활용해 자신만의 독창적인 스토리를 창작하고, AI와 협업해 스토리텔링의 새로운 가능성을 탐색한다. 이를 통해 창작의 기초와 AI 협업 기술을 함께 배운다.

AI 이미지 생성과 캐릭터 디자인

이미지 생성 AI를 활용해 캐릭터 디자인과 시각적 스타일을 개발하는 과목이다. 학생들은 AI를 이용해 캐릭터 스케치를 일러스트로 변환하고, 다양한 시각적 스타일을 실험하며 자신만의 캐릭터 디자인을 완성해 나간다. AI와 인간의 협업을 통해 창의적이고 고유한 캐릭터를 개발하는 경험을 제공한다.

AI 웹툰 창작 기초

AI 도구를 활용해 웹툰의 기초적인 제작 과정을 체험하는 과목이다. 학생들은 스토리 생성, 캐릭터 디자인, 배경 작업 등 다양한 웹툰 제작 과정에서 AI의 역할을 이해하고 실습한다. 기본적인 창작 기술과 AI 도구의 활용을 접목해 창작 과정을 효율화하고 웹툰으로 구현하는 방법을 배운다.

AI와 창작 교육의 장점과 한계

AI를 활용한 웹툰 창작 교육의 장점은 창작 과정에서 반복적인 작업의 부담을 줄여 주고, 학생들이 창의적인 부분에 집중할 수 있도록 돕는 데 있다. AI가 배경을 자동으로 생성하거나 캐릭터의 다양한 표정을 생성해 줌으로써 학생들은 스토리나 캐릭터의 성격을 더 깊이 탐구하는 데 시간을 할애할 수 있다. 이는 학생들이 창작의 핵심적인 부분에 집중할 수 있게 해 창의성을 극대화하는 데 도움이 된다. 더 나아가 AI는 웹툰 창작의 복잡한 요소들을 단순화해 학생들이 더 쉽게 창작 작업에 몰입할 수 있도록 한다. 이를 통해 학생들은 창작 과정에서 느끼는 피로를 줄이고 창의적인 아이디어를 발전시키는 데 더 많은 에너지를 쏟을 수 있다.

또한 AI는 학생들에게 빠르게 피드백을 제공할 수 있는 도구로도 활용될 수 있다. 학생들이 작성한 스토리나 그림에 대해 즉각적인 피드백을 제공하고 개선할 부분을 제안할 수 있다. 이러한 즉각적인 피드백은 학생들이 자신의 약점을 빠르게 파악하고 창작 역량을 지속적으로 개선하는 데 도움을 준다. 이는 특히 학생들이 자신의 작업에 대한 객관적인 평가를 받고 이를 발전시키는 데 중요한 역할을 하며, 반복 학습을 통해 창작 실력을 꾸준히 향상시킬 수 있는 기회를 제공한다. AI의 피드백은 즉각적이고 반복 가능하다는 점에서 학생들에게 큰 장점을 제공한다.

AI는 창작 과정에서 다양한 아이디어를 빠르게 제안할 수 있는 도구로도 유용하다. 학생들이 특정 장면의 전개 방식에 대해 고민할 때, AI는 다양한 시나리오를 즉각적으로 제시할 수 있다. 이를 통해 학생들은 그동안 생각하지 못했던 새로운 접근 방식을 발견하게 되며, 이러한 과정에서 창의적 사고가 촉진된다. AI는 창작자에게 새로운 영감을 제공하고 창의성을 확장하는 도구로서 중요한 역할을 한다.

AI를 활용한 창작 교육에는 분명한 한계도 존재한다. AI가 생성하는 콘텐츠는 학습된 데이터를 기반으로 하기 때문에, 종종 예상 가능한 결과물을 도출하거나 독창성이 부족할 수 있다. 학생들이 AI 결과물에 지나치게 의존하면 창작 과정에서 자신의 고유한 스타일과 창의성을 발전시키는 데 한계가 생길 수 있다는 의미다. AI는 데이터를 바탕으로 새로운 결과물을 만들어 내는 특성상, 완전히 새로운 창작물에 대한 발상에는 한계가 있을 수 있다는 걸 간과하지 말아야 한다. 따라서 학생들이 AI를 활용하더라도 창의적인 아이디어를 덧붙이고 자신의 독창성을 유지하려는 노력이 필수적일 것이다.

AI는 창작에 대한 깊은 이해와 비판적 시각을 갖춘 사람들에게는 그 능력을 극대화할 수 있는 강력한 도구가 된다. 마치 숙련된 사진작가가 고급 카메라와 렌즈를 활용해 사진의 품질을 극대화할 수 있는 것처럼, 창작 경험이 풍부한 사람들은 AI를 통해 작품의 깊이와 완성도를 높일 수 있다. 그러나 좋은 렌즈를 가지고 있다고 해서 모두가 좋은 사진을 찍을 수 있는 것은 아님도 알고 있을 것이다. 렌즈의 특성과 장점을 이해하고 사용법을 숙지하지 않으면 그 장비를 제대로 활용할 수 없듯이, AI도 마찬가지로 그 기능을 충분히 이해하고 활용하는 방법을 알아야 창작의 도구로서 진가를 발휘할 수 있다.

반면 사진 촬영의 기본적인 원리와 구도를 이해하지 못한 채 자동 촬영 기능에만 의존하는 초보 사진작가라면 결과물이 매번 비슷하고 평범할 수밖에 없다. 이와 같이, 창작의 기초 없이 AI에만 의존해 성장한 경우 창작자로서 독창성과 개성을 상실하고, 결과적으로 창작의 본질적인 깊이를 놓칠 위험이 크다. 창작에 대한 본질적 이해 없이 AI를 사용해 단순히 콘텐츠를 만들어 내는 것은 숙련된 예술가가 아니라 도구에 의존해 결과만을 추구하는 과정으로 전락할 수 있다. 그렇기 때문에 이제는 인문학적 소양과 기존 정보에 대한 교육이 더 중요해질 것이다. AI가 창작 과정에서 큰 역할을 하더라도, 이를 비판적으로 수용하고 자신의 시각을 더하는 능력은 결국 인간만이 가질 수 있는 고유한 힘이다. 따라서 학생들에게 창작 교육을 할 때는 AI 도구 사용법을 가르치는 것뿐만 아니라 인문학적 지식과 정보 분석 능력을 강화하는 교육을 병행해야 한다. 창작의 본질적 가치와 예술적 깊이를 이해하고, 이를 바탕으로 AI가 제시하는 결과물에 대해 비판적 사고를 할 수 있도록 돕는 교육적 접근이 필요하다. 이러한 교육을 통해 학생들은 AI와의 협업 속에서도 고유한 창의성을 잃지 않고, 진정한 의미의 창작자로 성장할 수 있을 것이다.

참고문헌

김한재(2023). 『Chat GPT로 만화/웹툰 제작하기』, 열린인공지능.
김한재(2024). 『생성형 AI로 웹툰 만화 제작하기』, 성안당.

09
새로운 서브컬처의 시작

AI 기술의 발전은 새로운 문화 장르의 확산과 함께 새로운 서브컬처의 형성으로 이어지고 있다. 일본의 '지하 아이돌' 문화처럼, 주류 미디어에 노출되지 않은 소규모 공연을 중심으로 활동하는 독립적 창작 문화도 새로운 팬덤 문화를 형성하며 그 위치를 확립해 왔다. 이와 같은 사례들은 AI 창작물 역시 기존 시장과의 조화를 통해 새로운 문화와 시장을 형성할 수 있는 가능성을 보여 준다. 이 장에서는 AI 창작물의 미래 시장 전망, 기존 시장과의 조화, AI 창작 문화의 새로운 시장 개척 가능성을 탐색한다.

AI와 화장품?

AI를 활용한 창작물의 미래 시장

AI 기술이 발전하면서 AI를 활용한 창작물이 점차 더 큰 시장을 형성하고 있다. 기존 만화와 웹툰 시장은 전통적인 창작 방식에 기반한 작품들이 주를 이루고 있지만, AI 창작물은 그 한계를 넘는 새로운 가능성을 열어 가고 있다. 특히 기성 작가들의 만화들과는 다른 스낵컬처에 가까운 빠른 창작물이 등장할 가능성이 크다. 이러한 작품들은 비교적 짧은 시간에 생성될 수 있으며, 실험적이고 파격적인 스타일로 독자들에게 신선한 경험을 제공할 수 있다. 이는 전통적인 만화나 웹툰 창작자가 접근하기 어려운 다양한 시도와 스타일을 가능하게 한다.

이미 코믹월드와 같은 대형 서브컬처 행사에서는 주류 웹툰이나 아이돌 문화에서 파생된 팬아트와 같은 2차 창작물이 중요한 위치를 차지하고 있다. 이러한 서브컬처 시장이 확장되는 것처럼, AI를 활용한 창작물도 또 다른 새로운 문화 시장으로 자리 잡을 가능성이 크다. 예를 들어 AI가 자동으로 생성한 스토리나 캐릭터 디자인은 인간 창작자가 쉽게 상상하기 어려운 독창적인 요소를 담고 있을 수 있다. 이러한 차별화된 콘텐츠는 독자들에게 신선한 경험을 제공하며, 새로운 형태의 서브컬처로 발전할 수 있는 잠재력을 지니고 있다.

특히 AI 창작물은 독자 맞춤형 콘텐츠 제공이나 인터랙티브한 이야기 전개 등 독자와의 상호작용을 촉진할 수 있는 새로운 콘텐츠 소비 방식을 가능하게 한다. 이는 독자들이 콘텐츠 소비에 더욱 능동적으로 참여할 수 있는 환경을 제공하며, 기존 웹툰과는 다른 차별화된 재미를 선사할 수 있다. 예를 들어 독자들의 선택에 따라 스토리가 달라지거나 캐릭터의 행동이 변화하는 형태의 인터랙티브 웹툰은 AI 기술을 통해 실현 가능하다. 이러한 콘텐츠는 독자에게 더욱 몰입감을 제공하며, 기존 웹툰과의 조화 속에서 새로운 콘텐츠 경험을 제시한다.

AI 창작물과 기존 시장의 조화 및 서브컬처 형성

AI 기반 창작물은 기존 만화와 웹툰 시장을 보완하며 성장할 것으로 예상된다. 전통적인 창작물들은 그 자체의 감정적 깊이와 예술적 가치를 지니고 있다. 이러한 감정적 요소는 독자와의 정서적 연결을 강화하며, 인간 창작자의 고유한 경험과 감각에서 비롯된다. 반면 AI 창작물은 빠른 제작 속도와 독창적인 접근을 통해 전통적인 창작물과 다른 매력을 제공할 수 있다. 이를 통해 새로운 소비층을 형성하고, 기존 시장에 새로운 활력을 불어넣을 수 있다.

AI 창작물은 전통적인 창작물과 경쟁하기보다는 상호 보완적인 역할을 하며, 창작자와 독자가 함께 누릴 수 있는 풍부한 콘텐츠 경험을 만들어 나갈 것이다. AI는 기존 창작자가 소화하기 어려운 반복적이고 시간이 많이 소요되는 작업을 대신 처리함으로써 창작자가 핵심적인 창의적 작업에 더 많은 에너지를 쏟을 수 있게 돕는다. 이를 통해 전통적인 창작자들도 AI의 도움을 받아 보다 정교하고 다채로운 작품을 제작할 수 있으며, AI는 창작자에게 새로운 도구로 기능하며 창의적 영감을 제공할 수 있다. 또한 AI 창작물은 인간 창작자들에게 새로운 영감을 제공하며 협업을 통해 더욱 풍부하고 혁신적인 콘텐츠를 창출할 수 있는 가능성을 제시한다. AI가 생성한 독특한 스토리 구조나 새로운 캐릭터 설정을 인간 창작자가 발전시켜 더욱 독창적인 작품으로 완성하는 것이 그 예다. AI의 빠른 데이터 처리 능력과 인간 창작자의 감정적 표현을 결합한 이런 협업은 창작의 새로운 패러다임을 형성할 수 있겠다. AI 창작물의 성장은 또한 새로운 창작자들의 등장을 촉진할 것이다. 전통적인 만화나 웹툰 창작에 대한 전문적 훈련을 받지 않은 사람들도 AI 도구를 활용해 자신의 아이디어를 구현할 가능성이 열

리며, 이로 인해 더 많은 사람들이 창작에 참여하게 될 것이다. 이는 창작의 문턱을 낮추어 더욱 다양한 스타일과 주제를 다루는 작품들이 탄생할 수 있도록 하고, 독자들은 더욱 폭넓은 콘텐츠를 경험할 수 있는 기회를 얻게 된다.

결국 AI를 활용한 창작물의 미래 시장은 기존 창작물들과 조화를 이루며 확장할 것이다. AI의 기술 발전에 따라 더욱 다양한 형태의 창작물이 등장하고, 이를 통해 웹툰과 만화 시장은 새로운 생명력을 얻을 수 있을 것이다. AI 창작물은 전통적인 창작물과 경쟁하기보다는 상호 보완적인 관계 속에서 독자들에게 더욱 다양한 선택지를 제공하고, 창작자들에게도 새로운 영감을 제공할 수 있다. 이를 통해 창작 산업은 더욱 창의적이고 혁신적인 방향으로 나아갈 것이다.

AI와 인간 창작자의 협업은 전통적인 창작 방식과 새로운 기술이 결합된 창작의 새로운 패러다임을 제시하며 새로운 서브컬처를 형성하고 있다. 앞으로 웹툰 및 만화 시장에서는 AI와 인간 창작자가 공존하며 다양한 창작 방식을 통해 더욱 다채로운 콘텐츠를 제공할 것이다. 이러한 변화는 웹툰 산업뿐만 아니라 창작 산업 전반에 긍정적인 영향을 미치며, AI와 창작자가 서로의 강점을 보완해 새로운 창작 문화를 개척하는 기반이 될 것이다. AI와 인간의 협력은 창작의 본질적 가치를 유지하면서도 새로운 가능성을 탐구하는 중요한 출발점이며, 이를 통해 더욱 풍부하고 매력적인 서브컬처가 형성될 가능성이 크다.

10
미래 웹툰 산업 전망

AI 기술의 발전은 웹툰 산업에 새로운 가능성과 과제를 동시에 제시하고 있다. 웹툰 창작과 유통의 방식이 변화하면서, 웹툰 산업은 전통적인 창작 방식과 AI 기술의 융합을 통해 지속 가능한 발전을 모색하고 있다.

종교와 AI?

AI 기술의 발전과 웹툰 산업의 변화

근미래에는 AI 기술이 웹툰 창작 방식에 중요한 변화를 가져올 것으로 기대된다. 과거 작가가 수작업으로 진행해야 했던 스토리 구상부터 캐릭터 디자인, 배경 작업까지의 모든 과정을 AI가 지원해 효율을 높이고, 창작자가 더욱 창의적인 부분에 집중할 수 있도록 할 것이다. AI는 스토리 아이디어 생성, 이미지 보정, 캐릭터 표정 생성, 배경 자동 생성 등에서 보조 역할을 수행하면서, 작가들이 실험적이고 독창적인 시도를 할 수 있는 여건을 마련할 것이다.

AI는 또한 스토리 전개 방향, 대사 수정 등 구체적인 창작 제안을 자동으로 제공함으로써 창작자들이 더 다각적인 접근 방식을 시도하게 도울 것이다. 다양한 스토리 전개 방안을 빠르게 비교하고, 캐릭터의 성격과 상황에 맞는 대사를 신속하게 생성함으로써 창작 과정은 더욱 효율적이 되고, 작품의 질 또한 높아질 것이다. 이러한 변화는 웹툰 산업의 경쟁력을 강화하고 독자들에게는 더욱 다채로운 콘텐츠 경험을 제공할 것이다. 또한 AI는 독자의 반응을 실시간으로 분석해 작가에게 피드백을 제공하며 더욱 맞춤형 창작을 가능하게 할 것이다. AI가 독자들의 댓글, 평가, 클릭 데이터를 분석하고 그 결과를 바탕으로 작품을 개선할 수 있는 방향을 제안하면 창작자는 즉각적인 피드백을 반영해 독자 맞춤형 콘텐츠를 제작할 수 있을 것이다. 이러한 변화는 독자 만족도를 높이고 더욱 개별화된 창작 활동을 촉진할 것으로 기대된다.

글로벌 시장 진출과 다문화적 접근

AI는 웹툰 산업의 글로벌 시장 확장을 촉진하는 중요한 역할을 할 것이다. AI는 다양한 문화적 요소를 분석하고 각국의 문화적 배경에 맞춘 맞춤형 스토리를 생성함으로써 글로벌 독자층이 공감할 수 있는 콘텐츠의 제작에 기여할 것이다. 이를 통해 다양한 문화권의 독자들이 더욱 자연스럽게 웹툰을 수용하게 되면 웹툰 콘텐츠의 글로벌 확산이 가속화될 것이다. 또한 AI 번역 기술이 발전함에 따라 언어 장벽을 극복하고 다양한 언어권의 독자들에게 웹툰을 더 쉽게 제공할 수 있을 것이다. AI는 빠르고 정확한 번역을 제공하며, 문화적 차이를 고려해 더욱 자연스럽고 친근한 번역을 가능하게 해 웹툰의 글로벌 시장 진입을 돕고, 이를 통해 웹툰 산업의 국제적 위상을 높일 것이다.

유통과 마케팅에서 AI의 활용

AI는 창작뿐 아니라 웹툰의 유통과 마케팅 방식도 변화시킬 것이다. 근미래에는 AI 기반 개인 맞춤형 추천 시스템이 더욱 정교해져, 독자들의 취향과 행동 데이터를 실시간으로 분석해 개인화된 콘텐츠를 추천할 수 있을 것이다. 독자들은 자신의 읽기 이력과 클릭 패턴 등을 바탕으로 자신에게 맞는 작품을 더 빠르게 찾을 수 있을 것이며, 이러한 개인 맞춤형 추천은 독자 경험을 한층 개선할 것이다.

AI는 또한 마케팅과 프로모션 전략에도 활용되어, 특정 작품의 적합한 타깃 독자층을 분석하고 이를 바탕으로 맞춤형 광고를 실행함으로써 웹툰 작품의 노출 기회를 확대할 수 있을 것이다. 이를 통해 마케팅 효율성을 높이고, 웹툰 작품들이 더 넓은 독자층에게 다가갈 수 있게 할 것이다.

웹툰의 새로운 기준 설정

근미래의 웹툰 산업에서 AI 기술의 도입은 웹툰의 새로운 기준을 설정할 것이다. 과거의 웹툰이 주로 작가의 개성과 창의성에 의존했던 반면, AI의 도입은 창작 방식과 기준을 근본적으로 변화시키며 개인 맞춤형 경험을 제공하는 방향으로 발전할 것이다. AI가 맞춤형 스토리를 생성하고 독자 반응을 분석함으로써 작가들은 더욱 정교한 독자 맞춤형 웹툰을 제작해 현대 소비자들이 요구하는 개인화된 경험을 효과적으로 충족할 수 있을 것이다. 이러한 변화는 창작 효율성을 높일 뿐만 아니라 웹툰 창작의 패러다임을 근본적으로 재정립할 것이다.

또한 AI는 웹툰 제작 속도를 획기적으로 가속화해 다양한 작품을 동시에 제작할 수 있게 만들 것이다. 이는 플랫폼 운영자들이 신속하게 다양한 콘텐츠를 제공함으로써 독자들의 지속적인 관심을 유도할 수 있는 장점으로 작용할 것이다. 반복적인 배경 작업이나 캐릭터의 표정 생성 등을 자동화함으로써 창작자들은 창의적인 스토리와 캐릭터 설정에 집중하고, 이를 통해 더 높은 품질의 작품을 제공할 수 있게 될 것이다.

미래의 웹툰 창작은 제작 속도나 효율성만 변화시키지 않는다. AI는 웹툰의 스토리와 캐릭터에 깊이를 더해 작가들이 감정적이고 몰입감 있는 이야기를 창작할 수 있도록 지원할 것이다. 실시간 독자 반응 분석을 통해 독자와의 상호작용을 강화하고, 개인화된 콘텐츠를 제공함으로써 독자와의 연결을 더욱 강화할 수 있을 것이다. 이러한 기술은 독자들에게 스토리의 일부가 되는 듯한 몰입감을 제공해 웹툰의 새로운 기준을 설정하고 독자들의 만족도를 극대화할 것으로 예상된다. 더불어 AI는 웹툰의 글로벌 진출에 핵심적인 역할을 할 것이다. AI 번역 기술의 발전으로 웹툰은 다양한 언어로 신속하게 번역되어 세계 각지의 독자들에게 제공될 것이다. 이러한 접근성은 웹툰 산업의 국제적 확산을 촉진하고, 문화적 다양성을 증진하는 데 기여할 것이다. AI는 문화적 차이를 고려한 번역과 현지화를 통해 다양한 문화권의 독자들이 자연스럽게 콘텐츠를 즐길 수 있도록 도울 것이며, 글로벌 팬층의 확장을 촉진할 것으로 보인다.

AI는 창작자와 독자 간의 상호작용을 극대화하는 데도 중요한 역할을 할 것이다. AI를 활용한 독자 맞춤형 콘텐츠 제공은 독자들이 스토리 전개에 실질적으로 참여하는 경험을 제공할 수 있을 것이다. 이러한 상호작용은 웹툰의 창작과 소비 방식을 변화시키며, 새로운 웹툰 창작의 기준을 설정할 것이다.

새로운 콘텐츠 IP의 시대

콘텐츠 IP 경쟁이 본격화되면서, 웹툰 산업의 변화가 가속화될 것이다. 독립 웹툰 작가들의 독창적인 이야기와 스타일은 스튜디오에 새로운 과제를 안겨 주고 있다. 이에 따라 스튜디오들은 단순히 작화나 후반 작업에 집중하기보다는 자신들만의 고유한 스토리 IP를 구축하기 위해 스토리 개발에 더 많은 투자를 하게 될 것이다. AI 기술의 발전은 이러한 변화를 가속화해 스튜디오가 창작의 완성도를 높이는 중요한 도구로 자리 잡을 것이다.

근미래에는 스튜디오의 방향성 변화에 따라 조직 구조와 인력 배치에도 변화가 일어날 것이다. 종래의 단순한 제작 중심 구조에서 창작과 기획 역량을 강화하는 방향으로 전환하며, AI 기술을 도입해 효율성을 높이는 동시에 창작자들의 창의적 역할을 유지할 수 있는 인력 재배치가 이루어질 것이다. AI는 스튜디오의 작업을 지원하며, 창작자들이 창의성을 발휘할 수 있는 새로운 기회를 제공할 것이다.

특히 이러한 산업 변화 속에서 창의적이고 트렌드를 선도하는 청년들의 창업이 웹툰 및 콘텐츠 산업의 새로운 성장 동력으로 부상할 가능성이 크다. AI 기술을 활용한 자동화된 콘텐츠 제작과 소규모 조직 운영이 가능해지면서, 과거보다 적은 인력으로도 경쟁력 있는 웹툰 및 미디어 기업을 설립할 수 있는 환경이 조성될 것이다. 이는 기성의 대형 스튜디오보다 민첩하게 시장 변화에 대응할 수 있는 장점을 지닌다.

그러나 창업 초기 단계에서 청년 창업자들은 네트워크 구축, 사업 운영, 재무 관리 등 실무 경험이 부족해 시행착오를 겪을 가능성이 높다. 이에 따라 업계에서 오랜 경험을 쌓은 시니어 인력의 역할도 중요해질 것이다. 과거에는 시니어들이 주도적으로 조직을 이끌었다면, 향후에는 청년 창업자들이 기획과 창작을 중심으로 혁신을 주도하고, 시니어들은 이들의 부족한 경험을 보완하는 형태로 역할이 재편될 가능성이 높다.

이는 단순한 고용 관계가 아니라 상호 보완적 협력 관계로 작용할 것이다. 젊은 창업자들은 빠르게 변화하는 트렌드를 반영하며 시장을 개척하고, 시니어 인력은 사업 운영의 안정성을 확보하며 지속 가능한 성장을 도울 수 있다. 특히 AI 기술을 활용한 산업 구조 변화는 시니어 인력이 전통적인 제작 공정에서 벗어나 컨설팅, 기획, 멘토링 등의 역할로 이동할 기회를 제공할 것이다.

웹툰 산업이 AI 기술로 인한 변화에 대응하기 위해서는 스튜디오, 독립 작가, 사회의 협력이 필요하다. AI 기술의 발전으로 인한 부정적인 영향을 최소화하고 경제적 부담을 줄이기 위한 방안을 모색하는 것이 중요하다. 웹툰 스튜디오는 AI를 도입해 효율성을 극대화하면서도 창작자들이 창의적 방향성을 잃지 않고 성장할 수 있는 환경을 조성해야 한다. 이러한 협력적 접근은 웹툰 산업이 새로운 IP 경쟁 속에서 지속 가능한 발전을 이뤄 나가고 창작자들이 AI와 함께 더 나은 콘텐츠를 창출할 수 있게 하는 기반이 될 것이다.

웹툰 산업의 지속 가능한 발전 방향

근미래의 웹툰 산업에서 AI 기술을 활용한 발전은 지속 가능성을 고려한 접근이 필수적일 것이다. AI가 창작 과정에서 중요한 역할을 차지하면서 창작자의 역할이 축소될 수 있다는 우려가 있기 때문에, 웹툰 산업의 지속적인 발전을 위해서는 AI와 인간 창작자의 균형을 유지하는 것이 매우 중요한 과제로 떠오르고 있다. AI는 창작의 보조 도구로 쓰이고 최종 창작에서는 인간 창작자의 창의성이 핵심적인 역할을 하는 것이 기본 프로세스로 자리잡을 것인데, 창작자의 개성과 독창성을 유지하는 체계까지 구축된다면, AI와 인간 창작자는 상호 보완적인 관계를 유지하며 더욱 풍부한 콘텐츠를 건강하게 만들어 갈 수 있을 것이다.

반복적이고 기술적인 작업은 AI가 담당하고 인간 창작자는 창의적인 스토리 구상과 캐릭터 설정에 집중하는 상호 보완적인 협력 체계는 창작 효율성을 높이면서도 창작자의 고유한 창의성을 유지할 수 있는 환경을 조성할 것이다. 나아가 창작자들이 AI 도구를 효과적으로 활용할 수 있도록 창작자 교육 프로그램을 개발하고 지원하는 노력도 필요하다. 이러한 지원이 있어야만 창작자들이 AI 기술에 대한 이해를 높이고 이를 창작 과정에 적극적으로 활용할 것이다.

김한재

강동대학교 만화애니메이션콘텐츠과 교수다. 『교과서만화』(1995) 학습만화가로 데뷔했다. School of Visual Arts, New York에서 Cartooning BFA학위로 졸업했고 이후 귀국해 세종대학교 멀티미디어애니메이션전공으로 석사 학위, 상명대학교 감성공학 박사 학위를 받았다. 인공지능 관련해서는 "새로운 어시스턴트, AI가 온다"(에듀코카, 2024, KOCCA), "ChatGPT와 미드저니"(K-Comics 아카데미, 2023, 한국만화영상진흥원), "AI 캐릭터 작화붕괴 해결법부터 콘텐츠 제작까지(Stable Diffusion/Midjourney)"(2024, 패스트캠퍼스) 등을 강의했으며 다양한 포럼에서 발제했다. 주요 저서로 『생성형 AI로 웹툰 만화 제작하기』(2024), 『The AI Graphics』(공저, 2024)가 있다. ≪애니메이션산업백서≫, ≪만화산업백서≫, ≪캐릭터산업백서≫ 집필진으로도 활동했다.